La verdad debajo de las sábanas

¿Puedo llegar a tener un matrimonio extraordinario?

EMILIO SCHUMANN

Derechos reservados © 2019 Emilio Schumann.

Todos los derechos reservados. Ninguna parte de este libro puede ser reproducida por cualquier medio, gráfico, electrónico o mecánico, incluyendo fotocopias, grabación o por cualquier sistema de almacenamiento y recuperación de información sin el permiso por escrito del editor excepto en el caso de citas breves en artículos y reseñas críticas.

Este libro es una obra de no ficción. A menos que se indique lo contrario, el autor y el editor no hacen ninguna garantía explícita en cuanto a la exactitud de la información contenida en este libro y en algunos casos, los nombres de personas y lugares se han modificado para proteger su privacidad.

Puede hacer pedidos de libros de WestBow Press en librerías o poniéndose en contacto con:

WestBow Press
A Division of Thomas Nelson & Zondervan
1663 Liberty Drive
Bloomington, IN 47403
www.westbowpress.com
1 (866) 928-1240

Debido a la naturaleza dinámica de Internet, cualquier dirección web o enlace contenido en este libro puede haber cambiado desde su publicación y puede que ya no sea válido. Las opiniones expresadas en esta obra son exclusivamente del autor y no reflejan necesariamente las opiniones del editor quien, por este medio, renuncia a cualquier responsabilidad sobre ellas.

ISBN: 978-1-9736-6386-7 (tapa blanda)
ISBN: 978-1-9736-6387-4 (tapa dura)
ISBN: 978-1-9736-6385-0 (libro electrónico)

Las personas que aparecen en las imágenes de archivo proporcionadas por Getty Images son modelos. Este tipo de imágenes se utilizan únicamente con fines ilustrativos. Ciertas imágenes de archivo © Getty Images.

Información sobre impresión disponible en la última página.

Fecha de revisión de WestBow Press: 5/30/2019

El texto Bíblico ha sido tomado de la versión Reina-Valera © 1960 Sociedades Bíblicas en América Latina; © renovado 1988 Sociedades Bíblicas Unidas. Utilizado con permiso. Reina-Valera 1960™ es una marca registrada de la American Bible Society, y puede ser usada solamente bajo licencia.

Reina Valera Contemporánea ® © Sociedades Bíblicas Unidas, 2009, 2011.

Scriptures marked as "TLA" are taken from the Traducción en lenguaje actual Copyright © Sociedades Bíblicas Unidas, 2000. Used by permission.

La Biblia : La Palabra de Dios para Todos (PDT) Copyright: © 2005, 2008, 2012 Centro Mundial de Traducción de La Biblia © 2005, 2008, 2012 World Bible Translation Center

Nueva Biblia al Dia © 2006, 2008 por Biblica, Inc.® Usado con permiso de Biblica, Inc.® Reservados todos los derechos en todo el mundo.

La Santa Biblia, Nueva Traducción Viviente, © Tyndale House Foundation, 2010. Todos los derechos reservados.

CONTENIDO

Reconocimientos ix
Introducción xi

Capítulo 1 Volver al primer amor 1
Capítulo 2 Matrimonios extraordinarios 9
Capítulo 3 Dulces sueños 21
Capítulo 4 Despertar a una nueva vida 33
Capítulo 5 Convirtiéndose en uno 43
Capítulo 6 Sexo en 3D 54
Capítulo 7 Uno en las emociones 58
Capítulo 8 Uno en el cuerpo 84
Capítulo 9 Uno en el espíritu 96
Capítulo 10 Mañana será otro día 108

RECONOCIMIENTOS

Este libro no hubiera sido posible sin la inspiración y dirección de Dios.

Agradezco con todo mi corazón a mi esposa Luisita por su amor, liderazgo y apoyo incondicional en las cosas que Dios nos ha encomendado a hacer juntos.

A nuestros hijos Emilio, Paola, David y Marcela por la honra que nos dan en todo lo que hacen. A sus respectivos cónyuges Paulina, Sebastián y Kristen que se han convertido en verdaderos hijos para nosotros. A nuestros nietos Matthias, Sofía, Ariana, Natalie, Valeria y Addison, nuestra oración es que lleguen a ser líderes que influenciarán e impactarán a su generación.

Agradecemos a mis padres Cesar y Rosita (Papitito y Mamitita) por su influencia y ejemplo de matrimonio con 57 años de casados hasta este momento y que sigan muchos más. A mis hermanos Claudia, Miguel Ángel y Erick por su amor y ayuda en cada etapa de nuestras vidas. A nuestros pastores Dennis y Colleen Rouse por sus enseñanzas y dirección espiritual durante los últimos 16 años en Victory World Church.

Agradecemos al tío, Gerardo de León, por su apoyo incondicional a nuestra familia. A Antulio y Vera Castillo por su genuina y duradera amistad que trasciende fronteras. A la congregación de Victory Vida, que hemos estado ministrando durante estos diez maravillosos años, personas de toda Latinoamérica que nos han hecho crecer como líderes y nos inspiran a seguir alcanzando a la comunidad latina en Estados Unidos.

Les queremos agradecer por su confianza, apoyo, oraciones, cariño, generosidad y amistad.

¡Nuestras vidas han sido radicalmente transformadas por cada uno de ustedes!

INTRODUCCIÓN

¿Por qué escribir un libro más sobre el matrimonio? ¿Por qué leer algo que muchos ya sabemos pero aún no lo vivimos?

Todos los que estamos casados podemos reconocer que manejar las relaciones con nuestra esposa (o) es algo que necesita mucho cuidado, mucho tiempo y sobre todo mucho interés. Pero desafortunadamente a veces pensamos que nuestra relación puede funcionar en *piloto automático* o en el peor de los casos cerramos los ojos a la realidad con la que nos enfrentamos dejando que el tiempo lo solucione todo.

La mayoría de nosotros entramos a la aventura del matrimonio con buenas intenciones, nadie se casa pensando que en algunos años se podrían divorciar, a lo mejor con tremendas expectativas. Pero al pasar los primeros meses nos empezamos a dar cuenta que el camino a recorrer podría convertirse en algo así como una autopista con tráfico durante las horas pico, donde la paciencia se agota, el tiempo parece que se pierde y la actitud puede que no sea la mejor llegando a producir frustración, enojo o sentimientos de fracaso.

El matrimonio es la relación más importante que se pueda tener con otro ser humano. Es la que más fruto nos puede dar y es la que sostiene a nuestras sociedades, no solamente por la procreación y preservación de nuestra especie sino también por el legado que cada matrimonio hereda sobre sus sucesivas generaciones. Todos nosotros somos en cierta forma el subproducto de lo que experimentamos de nuestros padres. Algunos tenemos características y valores muy positivos mientras que otros hemos sido marcados por la mediocridad que vivimos en nuestras familias.

Y pudiera seguir escribiendo páginas y más páginas acerca del significado del matrimonio, pero antes de continuar déjame hacerte una pregunta:

¿Cómo calificarías tu matrimonio actualmente de 1 a 10? Siendo 1 lo peor y 10 lo mejor.

1_____5_____10

¿Qué tal si le pides a tu esposa (o) que haga lo mismo?
¿Qué tal si ahora comparan los resultados?
¿Por qué crees que hay una diferencia entre lo que cada uno de ustedes está viendo o experimentando de su relación?

Desde que tuve el deseo de escribir este libro, este título: *La verdad debajo de las sábanas*, siempre me ha perseguido. Creo que la única forma de mejorar nuestras relaciones y crecer en nuestro matrimonio es poder aceptar, manejar y desarrollar esa verdad que yace debajo de nuestras sábanas.

Esa verdad tiene el potencial de cambiar nuestros matrimonios. Los puede llevar desde esa relación ordinaria, común y corriente a una relación apasionada y extraordinaria, y por supuesto esa verdad aumentará la calificación que recién hiciste. No importa cómo está realmente tu relación, qué tan bien o qué tan difícil, qué tan encendida o qué tan apagada pueda estar. Cuando puedes tomar esa verdad y utilizarla como tu mejor herramienta, como el punto de apoyo para promover el cambio siempre habrá esperanza, siempre habrá un día mejor, un nuevo despertar.

No hay varitas mágicas o formulas secretas para convertirnos en matrimonios extraordinarios pero cuando dos personas reconocen que se puede cambiar, cuando una pareja cree que el amor nunca se da por vencido, cuando un matrimonio utiliza su verdad para salir adelante, les puedo asegurar que cambios significativos empezarán a producirse. Creo que podemos usar las palabras de Jesús como fundamento en nuestro proceso de cambio: *"y conocerán la verdad, y la verdad los hará libres."*

Nuestro deseo con Luisita es que este libro sea una ventana de oportunidad, una herramienta. Que sea un nuevo aliento para tu matrimonio. Nuestra oración es que este libro nos ayude a conocer nuestra verdad, nuestra realidad matrimonial y esa verdad nos haga libres para vivir esa relación extraordinaria que Dios diseñó para nuestro matrimonio.

Emilio y Luisita Schumann

CAPÍTULO 1
Volver al primer amor

El viernes santo del 9 de abril de 1982 fue el día en que conocí a Luisita. En mi país, Guatemala, como en muchos otros países de Latinoamérica la Semana Santa más que un feriado religioso es una oportunidad para descansar, pasear y desafortunadamente para muchos no tiene nada de Semana Santa. Es más una semana de aventuras, fiestas y hasta de muchos accidentes y muertes por el largo feriado.

Como la gran mayoría, fuimos con unos amigos a pasear al litoral atlántico, a una playa muy linda llamada Livingstone. Estábamos esperando la pequeña embarcación que nos llevaría a ese lugar, cuando vi a esta muchacha con su traje de baño color negro. Inmediatamente mis ojos no podían dejar de admirarla y para mi sorpresa, ¡uno de mis amigos la conocía! Así que le dije: "¡Me la tienes que presentar!" Caminamos hacia donde ella estaba con su familia. Mi corazón latía aceleradamente de emoción, incluso estaba nervioso. Cuando llegó el momento de estar frente a esta chica que me había cautivado me sorprendió su reacción. Fue en cierta forma fría y sin mucho interés. Más tarde Luisita me contó que actuó de esa manera como estrategia, para castigarme con el *látigo del desprecio* y dejarme un mensaje claro y conciso: "No soy fácil y si te intereso te va a costar."

Por su lado ella quedó también flechada, aunque no lo demostró.

No podía dejar de pensar en mí y pese a que el encuentro fue de tan solo unos minutos fue suficiente para que ese mismo día terminara con su novio, pensando en que yo la buscaría al terminar esos días de feriado. Que fue precisamente lo que pasó. No podía quitarme su imagen de la cabeza, conseguí su número telefónico y al regresar a la ciudad la llamé y le hice la pregunta del millón: "¿Te puedo visitar o te regaña tu novio?" "No tengo novio", me dijo. Esa fue la puerta abierta para que iniciara nuestra historia de amor, que hoy después de 35 años aún seguimos escribiendo y disfrutando, esperando que todavía nos queden muchos años más de crecimiento y desarrollo matrimonial.

Todos tenemos una historia de amor, todos tenemos un primer encuentro, un primer beso. ¿Recuerdas cómo fue la primera vez que conociste a tu esposo (a)? ¿Cuáles fueron las circunstancias que hicieron decidirte a decir 'Si acepto' en tu boda? La mayoría de esos recuerdos están llenos de romanticismo y nostalgia pero a medida que va transcurriendo el tiempo, muchas parejas se han distanciado tanto que pareciera ser que esos recuerdos son parte de algún sueño que se ha ido evaporando poco a poco.

Desde el corazón de Luisita
Allí estaba en esa playa con un atardecer hermoso el que sería el hombre que me complementaría, el hombre que estaba escogido para mí, a mis ojos era guapo, alto (bueno al menos más alto que yo), como lo había soñado, pero al mismo tiempo algo me decía ¡no te apresures!, ¡espera! ¿Pero cómo podría esperar si mi corazón latía de emoción al sentir esa conexión que podría decir con convicción que era del cielo?

Aunque no hablé nada con él, nuestros corazones quedaron conectados. Tuve que romper ese mismo día mi relación con el novio que tenía, para dejar libre el camino al amor de mi vida. El verdadero amor había llegado y estaba allí para quedarse.

La verdad debajo de las sábanas

¿Será posible mantener la experiencia del primer amor a través de los años? ¿Se puede volver y re enamorarse como al principio? ¿O estamos condenados a vivir relaciones secas y resquebrajadas por el resto de nuestras vidas?

La respuesta está en nuestras propias decisiones y actitudes que hacemos diariamente. Es cierto que hay muchos factores que luchan en contra de ese primer amor: trabajo, costumbre, niños, estudios, situación económica, descubrimientos desagradables de nuestra pareja, malos hábitos, suegras o incluso hasta la iglesia, y pudiera continuar con una lista interminable de situaciones o personas. Pero al final quedan solo dos personas que pueden hacer que esto que llamamos matrimonio funcione o no. Todo lo que está afuera de tu relación matrimonial tiene influencia directa o indirecta sobre el estado de tu matrimonio pero será la actitud y determinación de cada pareja lo que los tendrá encima de las circunstancias, trabajando y desarrollando ese primer amor.

Regresando a nuestras primeras experiencias en el noviazgo y los primeros meses de casados, para la gran mayoría de nosotros no había nada que pudiera detenernos. La energía para sobrepasar cualquier obstáculo estaba por las nubes, el compromiso firme y las expectativas muy altas.

Creo que sería muy interesante meditar por un momento cuáles fueron las causas o cuáles fueron los eventos que empezaron a devorar y a secar ese primer amor. ¿Podrías analizar tu relación un momentito? Te invito a que te tomes un tiempo, sal a caminar, recuéstate en tu sofá favorito, maneja sin el radio prendido y regresa en el tiempo a poder determinar cómo fue cambiando la relación. No trates de buscar culpables, solo trata de hallar esas cosas que dispararon o llevaron tu relación a ese punto donde no pensaste que algún día pudiera estar. A propósito voy a dejar un espacio en blanco para que puedas escribir tus reflexiones al respecto, ya que eso nos servirá mucho a medida que vayamos avanzando en este libro.

Le llamaremos a este ejercicio: ¿Qué fue lo que pasó?

Lo que acabas de hacer es el primer paso de un proceso para recuperar el primer amor. Déjame decirte que este proceso viene directamente desde la boca de un especialista del amor, Jesucristo mismo.

Después de que Jesucristo murió y resucitó (los cristianos creemos en esto como algo que realmente sucedió), su mensaje de buenas noticias y esperanza se empezó a propagar por toda Asia, Europa y la parte norte de África como un virus incontrolable. Pese a que estaba siendo difundido por personas sin dinero, sin poder y con una gran oposición del gobierno romano que los miraba como una amenaza, las congregaciones de este nuevo grupo religioso que fueron llamados cristianos se multiplicaron por todas las ciudades del imperio.

Según los historiadores a finales del primer siglo de nuestra era, alrededor del año 96, uno de sus discípulos más cercanos, al cual se le llamaba el discípulo amado, recibió una serie de visiones mientras estaba preso en una isla del mar Egeo llamada Patmos. Hoy las conocemos como el libro de Apocalipsis. Aunque esta palabra nos hace pensar en el fin del mundo, la realidad es que su significado es revelación.

Dentro de estas revelaciones de Jesucristo dadas a Juan, están unas cartas o mensajes para siete iglesias que existían en aquel tiempo. Por supuesto había muchísimas iglesias, pero estas siete representaban el estado de todo el conjunto de iglesias.

La primera carta es para la iglesia que se encontraba en la ciudad de Éfeso. Era un importante centro religioso, cultural y comercial en lo que ahora es Turquía. En esta carta Jesucristo reprende directamente a esta iglesia por haber perdido su primer amor.

"Sin embargo, tengo en tu contra que has abandonado tu primer amor. ¡Recuerda de dónde has caído! Arrepiéntete y vuelve a practicar las obras que hacías al principio."

(Apocalipsis 2:4-5 NBD)

Aunque esta iglesia trabajaba muy duro para predicar las buenas noticias del evangelio en una sociedad enfocada en el dinero y llena de politeísmo, Jesucristo les dice claramente que han *abandonado su primer amor*. Y luego les da tres consejos prácticos para recuperarlo.

En varias partes de la Biblia se hace referencia a la similitud de la iglesia con la novia de Jesucristo, incluso se menciona una boda, la boda más grande e importante al final de la historia humana entre la iglesia y Jesucristo mismo. Por lo tanto creo que podríamos tomar estos consejos para recuperar ese primer amor en nuestros matrimonios terrenales.

¡Recuerda de dónde has caído!

El ejercicio que hicimos anteriormente es precisamente el primer consejo que Jesucristo nos da. Es analizar honesta y profundamente qué nos pasó. Dónde estábamos antes y dónde estamos ahora. ¡Esta reflexión puede llegar a ser un punto de inflexión en tu relación!

Arrepiéntete

El segundo consejo es sencillo y aparentemente fácil de hacer. Arrepentirse es mucho más que decir lo siento, va más allá de sentir remordimiento, nostalgia o tristeza por algún error o mala actitud del pasado. Arrepentirse incluye el cambiar de pensamiento para cambiar de comportamiento. Es como cuando te diriges hacia algún lugar y haces una vuelta en U para cambiar completamente la dirección. Puede ser que en el camino de la vida, tus pensamientos y acciones han llevado tu matrimonio hacia un lugar donde jamás hubieras querido estar, un lugar tan lejano del destino original que pareciera ser que no hay vuelta atrás. Es aquí donde las buenas noticias de Jesucristo se vuelven relevantes. Con Dios es permitido virar en U, siempre hay una segunda oportunidad.

Si reconoces que tu relación ya no es como al principio, el amor se ha esfumado, solo tienes recuerdos vagos de lo que era al principio, si han abandonado su primer amor, Jesucristo nos dice: *¡Arrepiéntete!*

Es tiempo de parar, dar una vuelta en U y empezar a dirigirnos hacia el destino que Dios ha tenido planeado desde el principio para nuestro matrimonio. Por supuesto esto requiere de una actitud humilde de ambas partes, se necesita invitar a Jesucristo a formar parte de nuestra relación. Si la forma en que has estado llevando tu matrimonio no te ha funcionado o no se ha desarrollado como quisieras, tenemos una alternativa divina, un plan sobrenatural y más poderoso que nosotros mismos para que esto funcione.

> **Es tiempo de parar, dar una vuelta en U y empezar a dirigirnos hacia el destino que Dios ha tenido planeado desde el principio para nuestro matrimonio.**

Desde el corazón de Luisita

Creo que muchas mujeres pueden sentir que el amor se apaga cuando entran en la etapa de los hijos pequeños y se sienten exhaustas con tanto trabajo, limpieza, comidas, deportes de los hijos, etc.

Recuerdo que los días parecían más largos de lo normal. Emilio viajaba mucho en esa etapa de nuestras vidas y me tocaba a mi sola cuidar a mis cuatro hijos por largos periodos de tiempo.

Aquí en Estados Unidos donde las mujeres trabajan igual que los hombres, esto puede llegar a ser uno de los causantes de que el amor se apague por estar demasiado cansados. Tendrás que ser intencional en sacar tiempo de algún lado para recuperar el tiempo de calidad con tu cónyuge y así mantener la llama de amor encendida.

La verdad debajo de las sábanas

Vuelve a practicar las obras que hacías al principio

El tercer consejo es simplemente poner manos a la obra. Después de haber recordado lo que hacíamos al principio y luego arrepentirnos, ahora se nos indica que nos dejemos de teoría y palabrerías y hagamos algo.

Sí, hacer lo que hacíamos al principio. ¿Qué era lo que hacíamos? Hablábamos incansablemente por teléfono, usábamos nuestras mejores galas, salíamos a caminar, al cine, a tomar café o un helado, escogíamos las palabras más bonitas y románticas, disfrutábamos besarnos como si fuera un manjar, el tiempo juntos parecía ser tan corto, admirábamos las actitudes y habilidades de cada uno.

¿Qué estamos esperando para volver a hacerlo? Claro, el primer pensamiento es que eso ya quedó atrás, que las condiciones no son las mismas. Es cierto, el tiempo y las condiciones son distintas pero el amor nunca cambia. De hecho Jesucristo nos asegura que si empezamos a hacerlo, aunque parezca raro, los resultados serán increíblemente positivos. Alguien preguntó una vez, ¿cómo se puede comer a un elefante? La respuesta es mordida a mordida.

Por muy difícil o grande que pueda parecer este reto, ¡sí se puede hacer! Inicia con *baby steps*, con pequeños pasos, con pequeñas acciones que hacías al principio. Puedes escribir algunas de esas cosas y empezar al terminar de leer este capítulo. No importa cuán ridículas o raras te puedan parecer las cosas que hacías al principio, pero esa fue la razón por la que tu esposa(o) se enamoró de ti.

Te invito a que escribas cinco cosas que hacías al principio a continuación y que a la par escribas la fecha en que las pondrás en práctica (por favor que no sea el otro año).

¡Prueba estos consejos de Jesucristo, porque han funcionado durante los últimos 2.000 años!

Emilio Schumann

Cinco cosas que hacía al principio	Las volveré a hacer en esta fecha

Ahora es tiempo de cerrar este libro por un rato y buscar oportunidades para practicar por lo menos alguna de estas cinco cosas que escribiste. ¡Vamos atrévete! ¡No esperes más! Queda mucho por hacer.

CAPÍTULO 2
Matrimonios extraordinarios

¿Messi o Cristiano? ¿Real Madrid o Barcelona? Estas preguntas apasionan a todos los que somos aficionados al fútbol y si a ti no te gusta el fútbol estoy seguro de que algo has escuchado sobre estas gigantescas rivalidades deportivas que cautivan la atención de millones de personas alrededor de todo el mundo. En estos equipos se concentran los mejores jugadores del planeta, por lo cual ver a estos futbolistas extraordinarios es todo un espectáculo digno de admirar.

Luisita no era muy aficionada del fútbol o mejor dicho nada aficionada. Por el contrario, siempre que me miraba viendo un partido me preguntaba cómo podía permanecer casi dos horas pegado al televisor. Siempre había querido que ella pudiera compartir conmigo esta locura del fútbol, así que le tendí una trampa y mis hijos fueron cómplices.

En agosto de 2009 el Real Madrid jugaría un amistoso contra el DC United en Washington DC por lo cual viajamos por carretera a Nueva York. Ella no sabía que el viaje a Nueva York solo era una excusa. Ya en el camino le explicamos que pasaríamos a ver el partido en nuestro regreso hacia Atlanta. El ambiente de estar con otros 73.000 fanáticos en el estadio y ver a los jugadores de cerca cambió su perspectiva por el fútbol y cuando regresamos empezó a ver los partidos conmigo.

Es muy interesante ver cómo las mujeres que son más emocionales que nosotros los hombres se vuelven tan intensas viendo o practicando deportes. A medida que mi esposa iba siguiendo los partidos y conociendo las historias de los jugadores llegó la oportunidad de ver el clásico. Así se le llama al encuentro entre el Real Madrid y el Barcelona. Algunos amigos de la iglesia nos invitaron a verlo en su casa, por supuesto con todo tipo de comida incluida. Para nuestra sorpresa ese día el Barcelona le dio una paliza al Madrid ganándole cinco a cero. Cuando llegó la hora de acostarnos pude observar que Luisita no se podía dormir y se encontraba intranquila. Cuando le pregunté qué le pasaba me compartió que aún estaba triste por el desenlace del partido. Tuve que hablarle y decirle que solo era un partido, pero me di cuenta de que las emociones de las mujeres son mucho más profundas y complejas que las nuestras. Ahora la molesto y le digo que tuve que ayudarla a salir de la *depresión post-clásico*.

Independientemente de si te gusta el fútbol o no, en el mundo de los deportes, el entretenimiento, las artes o la música siempre hay personas con habilidades increíbles que marcan una diferencia en lo que hacen, usan su don de una manera extraordinaria y los que disfrutamos de su actuación en sus respectivas áreas nos quedamos maravillados por sus destrezas tan especiales.

En el área del matrimonio también hay parejas que nos inspiran por la relación extraordinaria que han forjado a través de los años, relaciones dignas de imitar. Pero también existen las otras relaciones que son ordinarias, difíciles y donde pareciera ser que cada día es una lucha cuesta arriba para mantenerlas a flote. Creo sinceramente que todos tenemos el potencial de llegar a tener matrimonios extraordinarios, matrimonios saludables. Por supuesto eso es algo que no sucede en automático o de la noche a la mañana. Regresando al caso de los jugadores, artistas o cantantes extraordinarios ellos tienen regímenes muy estrictos de dietas, hábitos, entrenamientos y entrenadores que van a explotar al máximo sus habilidades.

¿Cuáles podrían ser algunas prácticas o hábitos que pudiéramos

La verdad debajo de las sábanas

adoptar para elevar nuestro nivel en el matrimonio? ¿De qué forma podemos convertirnos en un matrimonio extraordinario?

Al igual que esos *privilegiados* extraordinarios de los que hemos estado hablando, hay algo que nosotros podemos aplicar en la vida matrimonial: la inversión.

Ellos invierten tiempo, energía, sacrificio y disciplina para convertirse en los mejores en sus respectivas áreas. No tengo duda alguna que si nosotros nos tomáramos más en serio el matrimonio en nuestras vidas, si invirtiéramos más tiempo, más energía, más sacrificio o más disciplina el número de matrimonios extraordinarios crecería exponencialmente.

Puede ser que estés pensando que esto es una tarea muy difícil de hacer y no tienes ni idea por dónde comenzar. Escuché a alguien decir que muchas veces no necesitamos aprender cosas nuevas sino solamente recordar las que ya sabemos y practicarlas. Probablemente lo que leas a continuación no es nada nuevo, a lo mejor lo has sabido por mucho tiempo pero el problema es que no lo has puesto en práctica.

Hay un libro en la Biblia escrito por el hermano de Jesús. El no creyó en el llamado y ministerio de nuestro Señor, incluso hay relatos donde se nos indica que sus hermanos se burlaban de él y creían que estaba loco. Sin embargo a este hermano en particular, Jesús se le aparece después de haber resucitado y le cambia la vida por completo. Se convierte en el líder principal de la iglesia emergente de Jerusalén y hasta pierde su vida por difundir las buenas noticias del evangelio que predicaba su hermano. Santiago nos escribe en su libro algo que seguramente lo había experimentado en carne propia y que hoy lo podemos aplicar a nuestra vida matrimonial:

"No solo escuchen la palabra de Dios, tienen que ponerla en práctica. De lo contrario, solamente se engañan a sí mismos" (Santiago 1:22 NTV)

Si ponemos en práctica las cosas sencillas y básicas que a lo mejor ya sabemos nuestro matrimonio empezará a enriquecerse y a cambiar rápidamente. Cuando hablaba de la inversión, quiero que mires tu relación matrimonial como si fuera una cuenta bancaria, en la cual hay depósitos y retiros. Si haces más retiros que depósitos tarde o temprano la cuenta estará en déficit o en rojo. Para mantener una *cuenta bancaria matrimonial* saludable es necesario hacer depósitos constantes ya que a veces los retiros suceden de forma inesperada y sin malas intenciones, pero van disminuyendo la cantidad de inversión en nuestra cuenta.

Siendo honesto, te puedo decir que es mucho más fácil hacer retiros. Pareciera ser que estos retiros suceden automáticamente. Entre ellos podría mencionar la crítica, la frialdad, el sarcasmo, la negatividad, la haraganería, mantenerse demasiado ocupado en otras cosas, gastar dinero sin consultarlo con tu pareja, necedad y otros más que puedan drenar tu relación. El problema con estos retiros es que a veces los empezamos a hacer sin darnos cuenta de que estamos dañando nuestra relación. Es como si estuviéramos vaciando nuestra *cuenta bancaria matrimonial* a pasos agigantados.

> **Para mantener una *cuenta bancaria matrimonial* saludable es necesario hacer depósitos constantes ya que a veces los retiros suceden de forma inesperada y sin malas intenciones, pero van disminuyendo la cantidad de inversión en nuestra cuenta.**

Recuerdo que hace algunos años, aquí en Estados Unidos hubo una crisis financiera muy fuerte alrededor de 2007- 2008. Mi negocio en ese entonces era comprar vehículos en las subastas para diferentes clientes para uso local y también para exportación. La facilidad de comprar por internet en las subastas desde cualquier lugar del mundo sumado a la crisis financiera llevó mi negocio a su peor etapa después de casi veinte años de ser la entrada principal de mis ingresos. Para mantenerme a flote empecé a usar tarjetas de crédito y préstamos bancarios pensando que sería algo pasajero y

La verdad debajo de las sábanas

me podría sobreponer al pasar algún tiempo. Desafortunadamente estaba muy equivocado.

El mayor problema fue que me comprometí con muchas deudas sin consultarle a Luisita. No quería que ella se diera cuenta como una forma de protegerla y que no se preocupara más de la cuenta por nuestra situación financiera. El día que ella se dio cuenta que debía miles de dólares, fue un tremendo *retiro* en nuestra relación. Recuerdo que se sentía hasta cierto punto traicionada y engañada. Fue un tiempo muy difícil para nuestra familia. Creo que pudimos salir de ese bache por la misericordia de Dios pero también hubo otro factor muy importante que nos ayudó en esa crisis: los continuos *depósitos* que existían en nuestra relación. Mientras escribo esta experiencia no me puedo imaginar que hubiera pasado si no hubiera existido ese *colchón* en nuestra cuenta.

Creo que hay ciertos *depósitos* que son indispensables en cualquier relación y déjame compartir algunos de ellos:

Palabras que agregan valor

Hay algo que realmente puede hacer florecer una relación: las palabras que usamos intencionalmente para referirnos a nuestra pareja. Hay un poder muy fuerte en las palabras que usamos al comunicarnos con otras personas y especialmente en la relación matrimonial. Creo que todos los que estamos casados hemos experimentado alguna ocasión donde hemos sido levantados o animados con las palabras de ánimo o apoyo que nos ha dicho nuestro cónyuge.

A veces estoy en la oficina trabajando cuando recibo un texto de Luisita en el momento que menos me imagino. Me toma por sorpresa cuando me manda a decir que me admira o que me extraña o que si me puedo escapar para verla. Inmediatamente siento como esas palabras me levantan y me hacen sentirme más agradecido por mi esposa, el regalo que Dios me dio. Por el otro lado también he

Emilio Schumann

experimentado tristeza o enojo cuando Luisita ha usado palabras negativas o sarcásticas en nuestra comunicación. Cuando empecé a trabajar a tiempo completo como pastor y a predicar cada domingo, Luisita tuvo que hacer varios ajustes en la forma en que me daba sus *comentarios y correcciones*. Por su lado ella quería ayudarme a que mejorara en mi estilo de comunicación, los ademanes que estaba usando, las palabras que usaba dentro del mensaje; de mi lado yo recibía estas críticas constructivas como ataques a mi prédica.

Llegamos a un acuerdo: ella podría esperar al lunes para darme sus observaciones tratando de usar las palabras más adecuadas, pero junto con la crítica constructiva también iba a resaltar las cosas positivas y edificantes que ella hubiera recibido en el mensaje. Yo accedí a escuchar sus comentarios sin tratar de defenderme o justificarme.

Hoy puedo decir que sus palabras son las más importantes que puedo recibir para desarrollar mejor el mensaje que estoy tratando de compartir.

Alguien catalogó las palabras que usamos en tres diferentes clases:

Palabras tenedor: son aquellas que provocan tensión, irritación. Es como si buscáramos *pinchar* a la otra persona. Términos como *siempre* y *nunca* son muy comunes en esta categoría. Siempre haces lo mismo, nunca vas a cambiar, tú tienes la culpa de lo que me pasa.

Palabras cuchillo: son aquellas que provocan división, separación y desunión en la relación. Su función es *cortar* literalmente con la relación. No quiero saber nada más, déjame solo, si tan solo no te hubiera conocido, estoy harto de todo esto.

Palabras Cuchara: son aquellas que provocan inspiración, edificación, unión. Sirven para levantar la relación y cuando las usamos intencionalmente la relación se fortalece notablemente. Me siento tan feliz cuando estás conmigo, no sé qué hubiera hecho si no me hubieras ayudado, te admiro tanto, no siento el tiempo cuando estas a mi lado, le doy gracias a Dios por haberte puesto en mi vida.

El uso continuo e intencional de las palabras cucharas serán depósitos seguros y fundamentales en la vida matrimonial.

Actitud Positiva

En su libro *Actitud de Vencedor*, John Maxwell el gurú de liderazgo a nivel mundial define la actitud como "el sentimiento interior expresado en la conducta". La actitud positiva en el matrimonio determina el camino a seguir en los momentos difíciles o situaciones adversas. Muchas parejas experimentan frustraciones a lo largo de su aventura en la vida porque no ha existido la mejor actitud, el mejor sentimiento interior para hacer frente a las cosas que se nos vienen encima. Ya sea problemas entre la pareja o con los familiares, problemas financieros, enfermedades, problemas en el trabajo o en la iglesia, o incluso presiones con nuestros propios hijos. Lo que siempre hará la diferencia será la actitud que presentemos ante estos problemas. No podemos controlar muchas cosas externas que nos acosan, pero sí podemos controlar nuestra actitud interna.

En el caso de nosotros los hombres, los líderes de nuestro hogar, nuestras esposas están esperando que seamos nosotros los que mostremos la iniciativa de una actitud positiva, de una actitud llena de esperanza y fe en una sociedad que está tan llena de malas noticias.

La mejor actitud solamente se puede obtener de un corazón que está en paz consigo mismo, con los demás y lo más importante estar en paz con Dios. Desde este lugar se generará la actitud positiva más práctica y verdadera que no está basada en circunstancias externas y temporales sino en lo más profundo y eterno.

Emilio Schumann

Servicio

Hace muchos años escuché el siguiente dicho "el que no sirve, no sirve". Personalmente vine a practicar el concepto de servicio aquí en los Estados Unidos. Recién casados podría mencionar que mis actos de servicio eran casi nulos, alguien muy servido, muy enfocado en mis necesidades y preferencias. Fui impactado grandemente al escuchar un mensaje de mi pastor Dennis Rouse en Victory World Church. El mencionaba que en el matrimonio el más grande y el mejor líder es el que más sirve, incluso hablaba de *peleas de servicio* en su matrimonio, en las cuales ellos como pareja se proponían retarse a ver quién servía más. Al comparar esos principios con mi vida y la forma en que servía a Luisita, me vi confrontado y decidí iniciar una revolución de servicio en mi matrimonio. Varias veces había escuchado a mi esposa contar como admiraba a los hombres que le abrían la puerta del carro a sus esposas. Ella había estado tratando de darme el mensaje, pero al parecer no lo había descifrado. Un día le hice esta promesa: a partir de hoy siempre te abriré la puerta del carro. Era un compromiso grande para alguien que nunca lo había hecho. El primer día que salimos después de la promesa, me fui directamente al lado del conductor, coloqué mis manos sobre el volante e inmediatamente vi a Luisita esperando parada del otro lado que le abriera la puerta con una cara de ¿y qué pasó con tu promesa? Hoy después de mucha práctica y ser intencional en hacerlo, puedo ver la satisfacción en su cara cada vez que nos subimos al carro. Definitivamente este pequeño gesto de servicio también es un depósito en nuestra cuenta.

Los actos de servicio hacen crecer la humildad, reflejan el cuidado y amor que tenemos por los demás. Y mucho más en el matrimonio, son parte indispensable de una relación extraordinaria. Para muchos el servicio es señal de debilidad, pero la realidad es que una señal de fortaleza y seguridad en nosotros mismos.

Desde el corazón de Luisita

Creo que para todas nosotras las mujeres es muy fácil y natural este acto de amor del servicio en el matrimonio. Dios nos diseñó con ese instinto materno para poder cuidar a nuestra familia como uno de los más importantes llamados que toda mujer anhela llegar a realizar en la vida, el ser madre.

Y tengo que reconocer públicamente cómo Emilio se ha esforzado por servirme desde el momento que Dios le revelara que no solamente estaba llamado a ser un proveedor en casa sino también un servidor al estilo de Jesucristo. Jesús antes de partir al cielo se aseguró de que sus discípulos aprendieran una de las lecciones más grandes de humildad en el liderazgo que un hombre puede llegar a desarrollar y lo dejó registrado en el libro de Marcos "Pero no será así entre vosotros, sino que el que quiera hacerse grande entre vosotros será vuestro servidor, y el que de vosotros quiera ser el primero, será siervo de todos. Porque el Hijo del Hombre no vino para ser servido, sino para servir, y para dar su vida en rescate por muchos."

(Marcos 10:43-45 RV60)

Si ellos querían tener lugares de privilegio y lugares de honor deberían de ser los primeros en servir así como su Maestro lo estaba haciendo. ¡Wow! esto le mueve el piso a cualquier hombre en nuestro cultura latinoamericana, mayormente donde el hombre se dedica a trabajar y la mujer a servir en la casa sin recibir ninguna ayuda de su esposo.

Emilio era uno de esos hombres que no sabía ni dónde se encontraban los tenedores en los gabinetes de cocina porque nunca se acercaba a ellos. Desde la base de su comando decía: tenedor, servilletas, quiero más agua etc. y allí estaba yo gustosa de servirle en todo momento. Doy gracias a Dios por el cambio que Emilio hizo por amor a nuestra relación.

Y puedo decir que un hombre que sirve a su esposa no se hace más débil sino más grande.

Emilio Schumann

Tiempo de calidad

Todos tenemos 168 horas a la semana para vivir. Si le restamos las 56 de dormir, 40 de trabajo, 10 de comidas, 8 en el carro, 7 aseo personal nos quedamos con solo 47 horas semanales para repartirlas con las personas que más nos importan. Nuestras relaciones crecen a medida que invertimos tiempo y no solamente pasamos el tiempo con estas personas. Hay tantas cosas que compiten por ese tiempo de calidad: redes sociales, entretenimientos, gimnasio, estudios, etcétera.

Creo que primero debemos definir cuáles son las personas más importantes en nuestra vida y desde ese punto repartir ese tiempo tan valioso que tenemos semana tras semana.

Hay un principio de vida que nos puede ayudar a establecer estas prioridades y es el principio de lo primero.

Jesucristo nos lo enseña: *Busquen primeramente el Reino de Dios y su justicia y todo lo demás será añadido*. (Mateo 6:33 RV60)

De acuerdo a estas palabras de Jesús, se podría hacer esa lista de personas prioritarias en nuestras vidas. Mi lista personal luce así:

1. Dios
2. Luisita
3. Mis hijos
4. Mis nietos
5. Familia extendida
6. Congregación
7. Amistades

Todos participamos de diferentes actividades durante la semana, y estas deberían reflejar nuestra lista de prioridades para disfrutar del principio de lo primero. Si Dios es primero lo demás será añadido, si mi esposa ocupa el segundo lugar todo lo demás será añadido y así sucesivamente. Cada vez que se viola el principio de lo primero, las demás relaciones sufrirán las consecuencias.

Puedes hacer tu lista de personas prioritarias a continuación:

1. _____
2. _____
3. _____
4. _____
5. _____
6. _____
7. _____

Luego de haber escrito tu lista, te quiero hacer algunas preguntas:

¿Cómo luce tu tiempo de calidad con cada una de estas personas?

¿Estás dispuesto a cambiar lo menos importante por lo más importante?

¿Qué crees que pasaría en tu relación matrimonial o demás relaciones si aplicaras el principio de lo primero cada día de tu semana?

¿Qué te impide hacer los cambios necesarios?

El tiempo de calidad es tiempo bien invertido. Es tiempo de atención, tiempo para escuchar, para compartir, para disfrutar. No es necesario que gastes mucho dinero en regalos o en viajes o restaurantes caros para tener ese tiempo de calidad. A veces es tan simple como tomar la mano de tu esposa cuando van en el carro, caminar en el parque al atardecer, orar o cantar juntos al Señor, ir al gimnasio y hacer ejercicio juntos, ver una película que los inspire o contemplar a tu pareja por algunos minutos sin decir ni una sola palabra.

En los párrafos anteriores he mencionado cuatro *depósitos* básicos para desarrollar un matrimonio extraordinario, buenos hábitos que tienen el potencial de mejorar tu relación considerablemente. Por supuesto que existen muchos más que pueden enriquecer tu relación. Te reto a que puedas hacer un inventario, que hagas una revisión de tu *cuenta bancaria matrimonial* y compartan con tu pareja cómo podrían ser más intencionales en hacer más *depósitos* y ser muy cuidadosos cuando hagas los *retiros*.

DEPÓSITOS	RETIROS
Palabras que agregan valor	Crítica, burlas, sarcasmos, exageraciones, mentiras
Afecto, cariño, romanticismo	Frialdad, silencio, indiferencia, rutina
Actitud positiva	Negatividad
Actos de Servicio	Obsesión para ser servido
Tiempo de calidad (prioridades)	Solo pasar el tiempo
Buena administración del dinero	Mala administración del dinero
Disponibilidad a cambiar	Rechazar el cambio

CAPÍTULO 3
Dulces sueños

Cada principio de año nuestra iglesia tiene un tiempo especial para que nos enfoquemos más de lo normal en Dios. Durante 21 días un porcentaje bastante alto de la congregación se entrega al ayuno y oración. Al segundo día del ayuno tuve un sueño o visión muy especial que jamás olvidaré.

Me encontraba en un garaje donde estaba una carreta antigua, hecha de madera y también con sus ruedas de madera. Inmediatamente me di cuenta de que no era algo normal ya que las sogas con que se jala la carreta estaban flotando en el aire. Me pareció muy extraño y me empecé a preguntar cuál sería el significado de todo esto. De repente una voz respondió a mi pregunta con una sola palabra: *sencillez*. Esto me dejó todavía más perplejo por lo cual me acerqué a la parte trasera de la carreta que estaba llena de pequeños compartimientos de madera llenos con distintas clases de semillas. No sé mucho de agricultura o jardinería pero podía intuir que eran semillas de alta calidad. Recuerdo que introducía mis manos entre las semillas y las dejaba correr entre mis dedos. La sensación era muy satisfactoria al ver tanto potencial en aquellas semillas. Cuando aún estaba sintiendo las semillas deslizarse entre mis manos, volteé a ver hacia el fondo del garaje y vi venir subiendo unas gradas al mismo Señor Jesucristo. No lo podía creer. Su sonrisa era única, nunca en mi vida había visto a alguien sonreír con tanta dulzura pero al mismo tiempo con tanta seguridad. Su mirada penetrante me traspasaba, pero no con una actitud de juicio sino todo lo contrario; con una aceptación y amor que me invitaba a estar cerca de Él. Mientras más se acercaba hacia donde yo estaba parado, su rostro brillaba más y más.

Mi única reacción fue empezar a llorar. ¡Estaba viendo al Señor! Él se sentó al frente de la carreta, tomó las sogas y luego con su mirada acogedora y amorosa, sin decir palabras nos invitó, a mí y a Luisita a sentarnos a su lado. No lo podíamos creer. Poder sentarnos con el Señor, Él en medio y nosotros a sus lados al frente de esa carreta. Llorábamos de un gozo inigualable y la carreta empezó a moverse sin que nosotros hiciéramos absolutamente nada. Solo el Señor la manejaba y nosotros solo éramos testigos a su par de tan bella escena.

Probablemente eran como las dos de la mañana de aquel 9 de enero de 2017. Me desperté y aun con lágrimas en mis ojos le compartí a Luisita lo que había visto y experimentado en ese sueño o visión que ha marcado mi vida. Hasta el día de hoy estoy seguro de que Dios seguirá cumpliendo sus planes y propósitos en nuestras vidas.

Dios diseñó el matrimonio no solo para nuestro beneficio, no solo para nuestra familia sino también para demostrar al mundo su amor. Cuando dos personas aquí en la tierra permiten que el amor sobrenatural de Dios los dirija se vuelven en una verdadera fuente de bendición e inspiración para muchas personas.

Estamos seguros con Luisita de que todo lo que hemos experimentado a través de los años en nuestro matrimonio y en el ministerio es para bendecir a muchas personas que conocemos y a muchas otras que aún no conocemos y a otras que probablemente nunca conoceremos.

Dios diseñó el matrimonio no solo para nuestro beneficio, no solo para nuestra familia sino también para demostrar al mundo su amor. Cuando dos personas aquí en la tierra permiten que el amor sobrenatural de Dios los dirija se vuelven en una verdadera fuente de bendición e inspiración para muchas personas.

Pero nuestra historia de amor con Luisita, la historia de tener a Dios como primero en nuestra relación no siempre fue una constante en nuestras vidas. Pese a que crecí con educación cristiana desde muy temprana edad, me empecé a apartar de esos principios cuando era adolescente y cuando nos casamos con Luisita, era ella la que realmente mantenía el ambiente espiritual en nuestro hogar. Durante diez años permanecí dormido espiritualmente. No tenía el más mínimo interés por acercarme a Dios, para ser honesto cuando asistía a la iglesia solo era para complacer a mi esposa y a veces hasta pensaba que solo estaba perdiendo el tiempo allí. Por la gracia de Dios y las oraciones de mi esposa, mi madre y muchas otras personas, el Señor me dio muchas oportunidades de restablecer una relación verdadera con El, hasta que al fin decidí dejar a un lado el orgullo y necedad y rendirme a Su voluntad.

Desde el corazón de Luisita
Quiero hablarle ahora a aquellos que como yo, llevan la carga espiritual del hogar y de los hijos cuando su cónyuge no está en la misma sintonía que uno. Pasé muchas madrugadas en busca de la ayuda del Todopoderoso para que trajera a Emilio a su redil. Y parecía ser que mis oraciones no eran oídas. Pero algo estaba pasando también en mí a medida que me acercaba más a Jesús. El es un experto en el trabajo de la restauración y definitivamente yo necesitaba hacer algunos cambios también antes de poder estar lista para lo que Dios estaba orquestando tras bambalinas.

Entendí que en ese tiempo de espera El Espíritu Santo formó carácter en mí, una total dependencia y rendición a Dios de mi vida. Ahora que servimos juntos a Dios puedo decir que esos diez años de espera fueron para que yo creciera en conocer a Dios íntimamente.

> Yo tendría que aprender a someterme para poder ayudarle a Emilio a realizar el trabajo del Ministerio. Y una vez que Jesús le restauró y llamó de nuevo, pude transferirle y entregarle el mando del liderazgo espiritual de nuestro hogar que yo sola había estado llevando por varios años.
>
> Emilio se había despertado de su sueño y yo podía ya tomar un descanso. Ahora somos un equipo que se ayuda mutuamente para realizar la obra de Dios aquí en la tierra a través de nuestro matrimonio.
>
> Puedo decir: "No soy el sexo más débil sino la ayuda más fuerte que Emilio puede tener".
>
> Te invito a buscar a Dios con todo tu corazón y a depender de Él en todo, mientras estás en la espera del cumplimiento de tu promesa. Porque algo que aprendí también fue que Dios transformó mi carácter en medio de la espera.

Y es aquí donde quiero traer tu atención al elemento más importante para fortalecer tu matrimonio. Todo matrimonio puede experimentar momentos difíciles, alegrías, retos, frustraciones, victorias o grandes sorpresas pero creo firmemente que el incluir a Dios en la relación matrimonial lo lleva a un nivel que va más allá de cualquier esfuerzo humano. Cuando el amor de Dios llena las vidas de la pareja, ellos ya no se aman con un amor natural y humano, sino con un amor sobrenatural y divino.

Hay muchos métodos, programas, libros o estudios que puedes recibir sobre cómo mejorar tu matrimonio, de seguro que pueden ayudarte a tomar decisiones que enriquezcan tu relación. Pero el cambio más importante que una persona pueda tener radica en su transformación interna por el mismo poder de Dios. La mejor aportación que podemos hacer a nuestra pareja y a nuestros hijos es acercarnos a Dios.

Normalmente vivimos enfocados en el hoy, en las responsabilidades que hemos adquirido, el trabajo, los estudios, de qué manera vamos

La verdad debajo de las sábanas

a sostener a nuestra familia y eso va consumiendo nuestro tiempo y energía. Todos ponemos nuestros intereses y afecto sobre lo que más valoramos, sobre lo que más nos importa o por lo menos así debería de ser, porque a veces sabemos en teoría lo que es más importante pero desafortunadamente nuestras acciones demuestran lo contrario. Este era mi caso, sabía que Dios, Luisita y mis hijos deberían ser lo más importante en mi vida, pero mi tiempo y energía estaban dispersos en otras cosas mucho menos importantes como el deporte, entretenimiento, trabajo o amistades. Fue hasta el momento en que tuve mi encuentro con Dios que todo empezó a tener sentido.

¿Qué significa tener un encuentro con Dios? ¿Cómo un momento frente a su presencia puede cambiar la vida completa de un ser humano?

En la Biblia hay muchos ejemplos de personas que fueron transformadas radicalmente después de haberse encontrado con Dios y sus vidas nunca jamás fueron iguales. Abraham obedeció la voz de Dios para dejar su tierra y moverse a una nueva que le sería dada por herencia y fundar una nueva nación. Moisés tuvo un encuentro en la zarza ardiente iniciando así la liberación del pueblo judío después de 400 años de esclavitud en Egipto. A Jacob que era un engañador y tramposo le fue cambiado el nombre a Israel después de *luchar* con Dios durante un encuentro a solas con el ángel del Señor. María que solamente era una jovencita recibió la visita del ángel Gabriel para notificarle que había sido escogida para llevar en su vientre al que sería el Salvador del mundo convirtiéndose en una mujer extraordinaria. Pablo el escritor de la tercera parte del Nuevo Testamento y responsable de la expansión del evangelio de Jesucristo por gran parte de Europa y Asia en el primer siglo de la era cristiana era un perseguidor obsesivo y violento de cristianos antes de su encuentro con Jesús.

Existe algo muy poderoso cuando nos encontramos con Dios. Su Presencia empieza a inundar nuestras vidas, la mismísima fuerza que creó todo lo que conocemos y que mantiene con vida a todo lo que está vivo también puede alojarse en el corazón de aquellos que lo inviten a hacerlo.

Si encontrarse con Dios produjo y sigue produciendo que hombres y mujeres realicen grandes proyectos, reformas nacionales, milagros sobrenaturales, misiones casi imposibles, estoy seguro que ese mismo encuentro verdadero y profundo puede causar cambios fundamentales en cualquier persona, en cualquier matrimonio, independientemente del estado en que se encuentren. ¡Todo inicia con un SI a Dios!

> ¡Todo inicia con un SI a Dios!

Hay una historia en el Antiguo Testamento de alguien que le dijo sí a Dios. Esta historia es muy especial para mí porque fue el mensaje que propició mi encuentro con Dios.

Después de haber conquistado la Tierra Prometida con victorias increíbles y derrotar a muchos pueblos que la habitaban, los israelitas bajaron la guardia en su relación con el Dios que los había salvado y decidieron adorar y entregarse a otros dioses. El libro de los Jueces nos cuenta:

"Los israelitas hicieron lo malo a los ojos del Señor. Entonces el Señor los entregó a los madianitas durante siete años. Los madianitas eran tan crueles que los israelitas hicieron escondites en los montes, en las cuevas y en lugares fortificados. Cada vez que los israelitas sembraban sus cultivos, venían saqueadores de Madián, de Amalec y del pueblo del oriente, y atacaban a Israel. Acampaban en territorio israelita y destruían las cosechas hasta la región de Gaza. Se llevaban todas las ovejas, las cabras, el ganado y los burros, y dejaban a los israelitas sin qué comer. Estas multitudes enemigas, que venían con sus animales y sus carpas, eran como una plaga de langostas; llegaban en numerosas manadas de camellos, imposibles de contar, y no se iban hasta que la tierra quedaba desolada. Así que Israel se moría de hambre en manos de los madianitas. Entonces los israelitas clamaron al Señor por ayuda." (Jueces 6:1-6 NTV)

No me puedo imaginar lo que significa pasar años bajo el yugo

La verdad debajo de las sábanas

de opresores, ladrones y agentes de destrucción sembrando hambre, terror e incluso la muerte en la vida de hombres, mujeres y niños.

Desafortunadamente en pleno siglo 21 esta es una escena cotidiana en muchos lugares de nuestro planeta.

Los israelitas estaban llenos de temor, sin poder proveer alimento para sus familias, sin ninguna esperanza para el futuro, viviendo una total inseguridad y sin la capacidad de defender a los que más amaban. Pero Dios escoge a un hombre común y corriente, de los menos poderosos o famosos, un hombre que tenía miedo y estaba escondiéndose de sus enemigos para generar un levantamiento, una liberación de sus adversarios.

"Gedeón, hijo de Joás, estaba trillando trigo en el fondo de un lagar para esconder el grano de los madianitas. Entonces el ángel del Señor se le apareció y le dijo:

—¡Guerrero valiente, el Señor está contigo!" (Jueces 6:11-12 NTV)

Me llama mucho la atención la forma en que el ángel saluda a Gedeón: *"Guerrero Valiente".* Aun cuando este hombre estaba escondiendo el trigo asustado por lo que los enemigos podrían hacerle a su familia y comunidad. Dios mantiene una perspectiva completamente distinta a la propia realidad de Gedeón, Dios lo mira con todo el potencial que puede darle a una persona, Dios lo mira desde su perspectiva.

"Entonces el Señor lo miró y le dijo:—Ve tú con la fuerza que tienes y rescata a Israel de los madianitas. ¡Yo soy quien te envía! —Pero, Señor —respondió Gedeón—, ¿cómo podré yo rescatar a Israel? ¡Mi clan es el más débil de toda la tribu de Manasés, y yo soy el de menor importancia en mi familia!

El Señor le dijo:—Yo estaré contigo, y destruirás a los madianitas como si estuvieras luchando contra un solo hombre" (Jueces 6:14-16 NTV).

Emilio Schumann

Después de haberle comunicado a Gedeón el concepto que tenía de él, Dios le asigna una misión, le confía el rescate de su pueblo. Claro, es una tarea muy grande, que va más allá de las fuerzas y habilidades naturales que Gedeón poseía en ese momento, sin embargo Dios le asegura que permanecerá con él para asegurarle la victoria.

A medida que la historia de este encuentro con Dios se va desarrollando la vida de Gedeón es cambiada por completo. De un simple granjero temeroso se convierte en aquel guerrero valiente que Dios tenía en su mente. Una de sus batallas más conocidas y memorables es la que nos narra el capítulo 7 del libro de los Jueces, donde Gedeón ya ha alcanzado un liderazgo maduro y credibilidad dentro de su pueblo por cual logra convocar a un ejército de 32.000 hombres para atacar a sus enemigos, los madianitas. Pero Dios considera que son demasiados hombres, y no porque el ejército contrario fuera muy pequeño, todo lo contrario, son incontables. Por eso mismo Dios quiere mostrar su poder y reduce el ejército de Gedeón a solamente 300 hombres que terminan derrotando no solo a los madianitas sino a una coalición de varios pueblos que se habían unido para pelear en contra de Israel.

"Los ejércitos de Madián, de Amalec y del pueblo del oriente se habían establecido en el valle como un enjambre de langostas. Sus camellos eran como los granos de arena a la orilla del mar, ¡imposibles de contar! Entonces Gedeón se acercó sigilosamente, justo cuando un hombre le contaba un sueño a su compañero.

—Tuve un sueño —decía el hombre— en el cual un pan de cebada venía rodando cuesta abajo hacia el campamento madianita; ¡entonces cuando golpeaba una carpa, la volteaba y la aplastaba! Su compañero le respondió:

—Tu sueño solo puede significar una cosa: ¡Dios le ha dado a Gedeón, hijo de Joás, el israelita, la victoria sobre Madián y todos sus aliados!

Cuando Gedeón oyó el sueño y la interpretación, se inclinó en adoración ante el Señor. Luego regresó al campamento israelita y gritó: «¡Levántense, porque el Señor les ha dado la victoria sobre las multitudes madianitas!». Así que dividió a los trescientos hombres en tres grupos y le dio a cada hombre un cuerno de carnero y una vasija de barro con una antorcha adentro."

(Jueces 7:12-16NTV)

Como les compartí anteriormente, esta historia es muy especial para mí porque fue la que accionó el *guerrero valiente* que estaba escondido o dormido en mi vida. Estaba en Chicago haciendo unos negocios de vehículos, me invitaron a la iglesia, a la que por cierto, casi me llevaron a la fuerza, pero ni me imaginaba que en esa noche recibiría este mensaje de Gedeón que cambiaría mi vida para siempre. Después del encuentro con el Señor, esa misma noche llamé a Luisita por teléfono a Guatemala (en ese tiempo aún no había *Face Time*) y le conté con muchos detalles lo que me había pasado y los cambios que iban a producirse en mi vida, en nuestro matrimonio y con nuestros hijos. Aquella noche solo fue el inicio de una restauración completa y el poder despertar a esa nueva vida que Dios ya tenía preparada para nosotros.

Dios también tiene un concepto muy diferente sobre tu persona. No importa cómo te miras, cuál es tu situación o tu debilidad. Dios quiere despertar a ese guerrero o guerrera valiente que probablemente aun este durmiendo en lo profundo de tu ser. Todo inicia buscando un encuentro con Su Presencia y estar dispuesto a decirle sí.

¿Has tenido algún encuentro con Dios?

¿Has experimentado Su Presencia de tal forma que sabes que tu vida ya no puede ser igual?

Creo firmemente que cada día Dios anda buscando Gedeones y Gedeonas que puedan levantarse en contra de la opresión de sus enemigos. No importa la debilidad o circunstancia por la cual estén atravesando, Dios siempre nos mira desde Su Perspectiva.

Te puedes imaginar cuántos enemigos tiene el matrimonio en nuestra sociedad actual. Hay enemigos dentro de la casa y fuera de la casa, enemigos físicos, espirituales y hasta virtuales, incluso hay enemigos dentro de nosotros mismos que luchan constantemente por destruir lo que Dios diseñó desde el principio. La mejor aportación que puedes hacerle a tu esposa (o) es encontrarte con Dios, al encontrarte con El te encuentras contigo mismo y con los demás.

Cuando hablo de un encuentro con Dios no te estoy diciendo de pertenecer a alguna religión o simplemente asistir a una iglesia. Es posicionarte ante Dios tal y como eres, sin reservas, sin máscaras, con todos tus temores, frustraciones o dudas, con todos tus reclamos, con todos tus sueños.

Te invito a que tomes un tiempo a solas en algún lugar de tu preferencia, a lo mejor una caminata, frente a un lago, en la montaña o lo que te quede más accesible pero que sea un lugar donde puedas escapar del ruido y la distracción (mejor si no tiene *wifi*) y allí habla con Dios. Y al hablar con Dios podemos seguir algunos principios de la historia de ese encuentro con Gedeón para nuestro encuentro con El.

a) **Descubro el concepto que Dios tiene sobre mí (*Guerrero valiente*).** Cuando te das cuenta que tu vida es mucho más de lo que piensas o crees sobre ti mismo, cuando descubres que hay un propósito para el cual estás puesto sobre esta tierra, cuando puedes ver tu matrimonio como un arma poderosa del amor perfecto y sobrenatural de Dios derramado sobre personas imperfectas.

b) **Le comparto mi situación y perspectiva actual (*soy el de menor importancia en mi familia*).** Dios no se asusta con lo que puedas estar atravesando, todo lo contrario, El se deleita con aquellos que son honestos y se atreven a estar delante de El tal y como son, los que le pueden expresar sus sentimientos sin ocultar nada. La vida no es una fiesta continua ni tampoco un funeral eterno. El aprender a depender de Dios ante cualquier circunstancia es invitarlo a nuestro diario vivir, a no verlo como un Dios distante y ajeno a nuestras situaciones sino al Dios-Padre que anhela que lo dejemos permanecer cerca y muy atento a los más mínimos detalles de nuestras vidas.

c) **Creo Su Palabra para mi vida (*Ve tú con la fuerza que tienes y rescata a Israel de los madianitas. ¡Yo soy quien te envía!*).** Existen cientos de promesas de Dios para cada uno de nosotros, no tienes que ser un teólogo, pastor o alguien súper ungido para adueñarte de estas promesas. En el reino de Dios el creer en Su Palabra es lo que hace la diferencia, el creer es lo que logra lo imposible. Leer y creer la Biblia es algo que requiere fe, es algo que no es común en nuestra sociedad. En este mundo se cree lo que se mira y lo que se tiene en la mano pero en Su Reino se opera en base a lo que no miras, a lo que no tienes. Y es aquí donde el poder de Dios se perfecciona, en nuestra debilidad, en nuestra carencia.

d) **Obedezco la misión que me tiene asignada aunque parezca imposible (*Con estos trescientos hombres, rescataré a Israel y te daré la victoria sobre los madianitas*).** Aquí radica la diferencia entre el éxito y el fracaso. El obedecer alineará tus planes, tus sueños, tus anhelos a los planes de Dios. El obedecer hará que tu vida se vuelva extraordinaria, que tu matrimonio permanezca sólido y saludable. ¡El obedecer te convertirá en un guerrero valiente!

¡Hoy puede ser el día en que te encuentres con Dios!

¡Hoy puedes empezar a cumplir los sueños de Dios para tu vida!

¿Qué te lo impide?

¿Qué estas esperando?

Mañana puedes despertar a una nueva vida.

CAPÍTULO 4
Despertar a una nueva vida

¿Qué tan difícil es despertarte cada mañana? Para algunos es toda una aventura, otros no tienen ningún problema. Para algunos su peor enemigo es la alarma. Creo que todos hemos tenido alguna mañana donde no queremos levantarnos, a veces porque nos hemos acostado tarde, estamos más cansados de lo normal, nos sentimos enfermos o simplemente porque la cama parece tan acogedora que nos invita a quedarnos ahí.

Todos los días ocurre un ciclo de dormirse y levantarse, nuestros cuerpos están diseñados para funcionar de esa forma y recargarse de energía al dormir. ¿Sabes lo que es el ciclo circadiano? Probablemente no, al igual que yo no lo sabía. Recién lo he *gugleado* y me encontré con un artículo muy interesante de la Fundación Nacional del Sueño. Allí explica que ese patrón de dormirse y levantarse está conformado por el trabajo de varios químicos y hormonas cada 24 horas, causando que a veces nos sintamos cansados, con sueño y luego con ganas de levantarnos y emprender las tareas del diario vivir. Uno de esos químicos es la adenosina, que se va acumulando en la sangre durante el día, mientras más tiempo estemos despiertos el nivel de adenosina aumenta y le indica a nuestro cuerpo que necesita dormir. Cuando nos dormimos el nivel de adenosina disminuye considerablemente para empezar el ciclo al siguiente día. Otra hormona que nos ayuda a regular el ciclo circadiano (ciclo de dormir y levantarse) es la melatonina que va aumentando su nivel a medida que empieza a anochecer y disminuye con la luz del nuevo día.

Algo tan común como el dormir y levantarse realmente es un proceso bastante complejo dentro de nuestro organismo en armonía con la luz solar y la rotación de nuestro planeta. Cada día de nuestras vidas está enmarcado dentro de este ciclo para el funcionamiento apropiado de nuestro cuerpo y ni siquiera nos damos cuenta, solo seguimos el proceso. Pero cuando el ciclo circadiano se rompe por diferentes razones como trabajo excesivo, preocupación o entretenimiento y empezamos a dormir menos o más de lo normal o de lo que necesita nuestro cuerpo las consecuencias se harán evidentes en nuestra salud.

Es interesante saber que nuestro cuerpo nos prepara cada noche para recibir el nuevo día con la mejor energía posible y estar listos a enfrentar las actividades de la mejor manera posible.

¡Un nuevo día es una nueva oportunidad de vivir!

Un nuevo día es volver a empezar otra vez, es como haber estado muerto por algunas horas y despertar a la vida nuevamente. Desafortunadamente a veces no tenemos la mejor actitud para el nuevo día, en vez de verlo como un nuevo comienzo lo vemos como regresar a esa situación que más se parece a una pesadilla de la cual no se puede escapar.

Han existido muchas personas que han hecho grandes cosas durante los 'nuevos días' de sus vidas, que han invertido su tiempo y energía para inventar, producir, escribir, construir o hacer cambios profundos en sus áreas de influencia. Cada uno de ellos ha sabido cómo aprovechar al máximo cada uno de esos nuevos días y no se rindieron hasta ver sus sueños hechos realidad. Hoy también mientras estás leyendo esta página, hay personas alrededor del mundo que están revolucionando nuestra sociedad con sus logros, descubrimientos, inventos o proyectos. Cada nuevo día lo miran como una oportunidad más de seguir adelante con lo que apasiona sus corazones.

Como diría Elon Musk: "Si te levantas en la mañana y piensas que el futuro será mejor, entonces tienes un día brillante." Él es un increíble ejemplo actual de alguien que se pone retos cada día. Desde carros eléctricos, energía solar y cohetes comerciales hasta la construcción de ciudades auto sostenibles en Marte, este empresario y visionario no descansa hasta ver sus sueños cumplidos.

Pero creo que la persona que mejor pudo aprovechar 1.095 nuevos días para cambiar la historia de la humanidad fue Jesucristo. En solamente tres años de ministerio logró transmitir a sus discípulos un mensaje innovador y transformador que ha estado vigente durante los últimos dos mil años dándole esperanza y buenas noticias a gente de todos los rincones de la tierra. Esto me hace preguntarme ¿cómo afrontaba Jesús cada uno de sus días nuevos?, ¿de qué forma los iniciaba?, ¿cuáles eran sus prioridades para sacarles el máximo provecho?

Él sabía con certeza que cada día que pasaba era una cuenta regresiva para encontrarse con la muerte, él sabía que su tiempo era limitado aquí en la tierra. Tenía que cumplir con su misión y propósito y por lo tanto cada día nuevo jugaba un papel crítico. En el siguiente pasaje podemos observar como Jesús iniciaba sus nuevos días:

"A la mañana siguiente, antes del amanecer, Jesús se levantó y fue a un lugar aislado para orar. Más tarde, Simón y los otros salieron a buscarlo. Cuando lo encontraron, le dijeron:—Todos te están buscando.

Jesús les respondió:

—Debemos seguir adelante e ir a otras ciudades, y en ellas también predicaré porque para eso he venido.

Emilio Schumann

Así que recorrió toda la región de Galilea, predicando en las sinagogas y expulsando demonios." (Marcos 1:35-39 NTV)

Jesús empezaba su nuevo día orando.

Los cristianos creemos que Jesús tenía una naturaleza divina y al mismo tiempo una naturaleza humana. Dios habitando en un cuerpo como el mío o el tuyo. Pero eso no le impedía apartar intencionalmente tiempo para hablar con su Padre, aunque su tiempo era limitado, él sabía que esta práctica lo pondría en una posición inmejorable para desempeñar sus actividades diarias que iban desde hablar con las personas más despreciadas de la sociedad hasta resucitar muertos.

El iniciar nuestros nuevos días orando cambia radicalmente la forma en que vemos las horas que están por venir. Una de mis actividades favoritas es ir a caminar y orar por las mañanas, especialmente cuando aún es muy temprano y puedo ver al amanecer. Cada vez que experimento esto es como si el día me invitara a disfrutarlo al máximo, es como adelantarme a todas las actividades antes de que ocurran y ponerlas en las manos de Dios.

> **El iniciar nuestros nuevos días orando cambia radicalmente la forma en que vemos las horas que están por venir.**

Creo que puedes enfrentar el día de dos maneras distintas: reactiva y proactivamente. Cuando estas solo reaccionando a los eventos que nos van abrumando día tras día, pareciera ser que no alcanza el tiempo ni la energía para mantenerse a flote.

Especialmente en el matrimonio y la familia, la demanda es constante. Las presiones del trabajo, las actividades de los niños, el tráfico, los quehaceres en la casa, los pagos que no perdonan empiezan a succionar la oportunidad de ese nuevo día que tenemos por delante. Y eso es que solo estoy mencionando cosas externas en nuestra relación, si a eso le sumamos heridas del alma u ofensas sin resolver, frustraciones o enojos que aún se están repitiendo en nuestras mentes o la falta de acción en cosas importantes, la indiferencia, falta de perdón, desconfianza, falta de comunicación y la lista pudiera seguir y seguir. Entonces los días se tornan cada vez más pesados, en lugar de querer despertarse y disfrutarlo hay personas que quisieran que nunca amaneciera porque no quieren enfrentarse nuevamente a las cosas que están erosionando su relación convirtiéndolo en un desierto inhóspito.

A cada uno de los problemas solo se reacciona, pero a veces es muy tarde. Las soluciones se tornan cada vez más difíciles de encontrar y parecen estar más lejanas. Empiezas a creer la mentira de que tu situación no tiene remedio. Es como si estuvieras nadando en contra de la corriente. Pienso que todos hemos tenido un despertar de este tipo en alguna área de nuestra vida, ya sea financiera, relacional, salud o en el trabajo. Te acuestas a dormir, si es que puedes conciliar el sueño deseando que no amaneciera. Pero hay buenas noticias, existe otra forma de enfrentar el nuevo día, lo puedes enfrentar proactivamente.

Esa es la forma en que Jesús se posicionaba cada día ante lo que le esperaba, preparándose desde muy temprano con la mejor perspectiva que alguien pueda tener: la perspectiva del cielo.

Nuestra visión de lo que acontece alrededor nuestro es alterada positivamente durante la oración. Momentos con Dios nos revelan la realidad eterna. Hay una realidad que va más allá de nuestra realidad y circunstancias, es la esfera de lo espiritual que nos hace estar adelantados, preparados, proactivos ante cualquier cosa que este mundo material y temporal pueda tirarnos en el camino de la vida.

Medita por un instante en las dificultades o retos que puedas estar afrontando. Independientemente del estado de tu matrimonio, ya sea que estés pasando una tormenta huracanada o que estén pasando momentos de tranquilidad y paz, como si estuvieran en una playa del caribe solo escuchando el sonido de las olas. El orar va a fortalecer considerablemente tu relación con Dios, con tu pareja, con tus hijos y todas las personas que te rodean. El poner cada una de esas dificultades o retos en las manos de Dios te da una ventaja muy particular.

Tomemos como ejemplo algo bastante común en los matrimonios: la comunicación. Todos los que somos esposos hemos oído probablemente más de una vez que nuestras esposas desean que seamos más abiertos, más detallistas, que hablemos con ellas cosas realmente importantes, charlas de corazón a corazón y no solamente preguntas sobre quehaceres o indicaciones sobre pagos o en el peor de los casos nuestra inconformidad por la escasez de sexo en nuestra relación. Pareciera ser que, como dice el dicho, a nosotros los hombres los ratones nos comieron la lengua. Esa necesidad primordial de las esposas de comunicación puede llegar a convertirse en uno de los problemas más serios en las relaciones actuales, máxime ahora con tantas distracciones e interruptores de intimidad. Muchos de nosotros sabemos que esa es nuestra debilidad, nos cuesta abrirnos, nos cuesta tener charlas profundas y relevantes. Lo sabemos pero no actuamos, lo dejamos nuevamente guardado en el baúl de los recuerdos hasta que el problema salga nuevamente a luz.

Pero aquí está la pregunta: ¿Has orado alguna vez al respecto? ¿Has iniciado tu día pidiéndole a Dios que te de una enorme pasión por comunicarte con tu esposa? ¿Te has adelantado al problema poniéndolo en las manos de Dios antes de pase otra vez?

Otra cosa que nos traiciona frecuentemente es la tendencia a enojarnos o irritarnos fácilmente y perder el control de nuestro temperamento produciendo consecuencias negativas en nuestra relación. Claro, ya sé que muchos pueden estar pensando, así soy yo y no puedo hacer nada al respecto. Pero si hay mucho que puedes hacer. Y por supuesto lo más poderoso que puedes hacer es poner tu temperamento en las manos de Dios. ¿Qué crees que pasaría si empezaras tu día orando por tu tendencia a enojarte con facilidad? ¿Cómo podría cambiar tu relación matrimonial al poner las cosas que sabes que te afectan ante el Señor?

Cualquier día tiene el potencial a ser brillante cuando invitamos a Dios a ser parte de él. Lo opuesto también es posible; cualquier día tiene el potencial a ser desastroso cuando no invitamos a Dios a ser parte de nuestro día.

Pero creo que existe otra barrera en lo que se refiere a la oración. Muchas personas sean cristianas o no, asistan a la iglesia o no, no saben cómo orar, no quieren orar, no tienen tiempo para hacerlo o simplemente no sienten que tienen la capacidad de hablar con Dios, que es lo que realmente significa orar. Cuando nos despertamos al nuevo día y lo vivimos a nuestra manera sin invitar a Dios a tomar parte de nuestras decisiones y acciones, prácticamente estamos demostrando una actitud orgullosa donde le estamos diciendo "no necesito de ti, yo puedo solo". Y todos sabemos que no podemos solos.

Los discípulos del Señor Jesucristo pidieron ayuda para orar porque pese a que estaban a la par del Hijo de Dios no sabían cómo expresarse o comunicarse con Dios. Jesús les responde con una forma de orar que es más que un rezo o solamente una repetición de palabras, Él les enseña un modelo de cómo debería ser una oración balanceada y que esté conforme a la voluntad de Dios. Nosotros la conocemos como el Padre Nuestro y probablemente muchos de nosotros la sabemos de memoria. Creo que con este modelo de oración que Jesús nos da podemos también aplicarlo como una guía de oración para el matrimonio.

"Por eso, ustedes deben orar así: "Padre nuestro, que estás en los cielos,

santificado sea tu nombre. Venga tu reino. Hágase tu voluntad,

en la tierra como en el cielo. El pan nuestro de cada día, dánoslo hoy.

Perdónanos nuestras deudas, como también nosotros perdonamos a nuestros deudores. No nos metas en tentación, sino líbranos del mal."
(Mateo 6:9-13 RVC)

- *Padre:* Cuando oremos a Dios acerquémonos a Él como a un padre y no como a un Dios distante y lejano que se mantiene ajeno a nuestros asuntos.
- *Nuestro:* esto determina la armonía y unidad que debería existir en nuestra relación, vamos juntos a estar delante de su Presencia.
- *Que estás en los cielos:* Su perspectiva siempre va a ser mejor que la nuestra, está viendo el cuadro completo y sabe lo que es mejor para nosotros.
- *Santificado sea tu nombre:* ¿Si Dios es santo como puede ser su nombre ser santificado? Que nuestras acciones reflejen cada día la santidad de Dios. Como un matrimonio que cree en Dios y como cristianos tenemos el llamado a reflejar esa santidad y valores que demuestran que El vive en nosotros.
- *Venga tu reino:* ¿Cómo sería nuestro matrimonio si las características de Su Reino estuvieran fluyendo constantemente en nuestra relación? Su bondad, gozo y paz que puede llenar nuestras vidas. El Reino de Dios no es de este mundo ni se acomoda al pensamiento humano, su sabiduría es ilimitada.
- *Hágase tu voluntad, en la tierra como en el cielo:* Todo matrimonio que busca cómo hacer la voluntad de Dios tiene el éxito asegurado. En la Biblia hay indicaciones directas y específicas para el matrimonio que son Su Voluntad. En los próximos capítulos mencionaré varios de esos pasajes que están diseñados para cumplir con Su Voluntad.
- *El pan nuestro de cada día, dánoslo hoy:* También podemos orar por la provisión material, trabajo, finanzas o negocios. Saber que El va a suplir nuestras necesidades.
- *Perdónanos nuestras deudas, como también nosotros perdonamos a nuestros deudores:* En el matrimonio tenemos

que convertirnos en *perdonadores profesionales*. Tener la capacidad de ofrecer perdón y recibir perdón.

- *No nos dejes caer en tentación, sino líbranos del mal:* Pedir constantemente ayuda frente a las tentaciones, no jugar con ellas, no minimizarlas, incluso si hay necesidad hay que huir de ellas.

Una vida de oración se desarrolla orando.

A veces vas a sentir que nadie te está escuchando, a veces vas a sentir que Dios está allí a la par tuya. Más allá de lo que puedas sentir la oración es la llave para entrar en el Reino sobrenatural de Dios. Creo firmemente que uno de los beneficios más grandes de la oración es que nos va transformando, nos va haciendo más humildes y más dependientes de Dios. El gran predicador del siglo XIX Charles Spurgeon dijo:

"La oración no es un simple ejercicio mental ni tampoco una ejecución vocal. Es mucho más profundo que eso; es una transacción espiritual con el Creador de los cielos y la tierra"

Una transacción donde nosotros le dejamos nuestras cargas, nuestros sueños o incluso nuestras quejas y Él por su parte, nos inunda con Su sabiduría, con Su Presencia. Te invito a que inicies tus días orando (o si eres un ave nocturna, termina tus días orando).
¡Tu vida nunca más será igual!

Desde el corazón de Luisita

Una de las cosas que más disfruto hacer con Emilio hoy día es orar juntos, este buen hábito de oración no fue fácil al principio.

En nuestras primeras sesiones de oración juntos muchas veces yo pensaba que la oración de Emilio necesitaba algo más, que necesitaba arreglarla y cuando el terminaba su parte, ¡yo venía con la intención de mejorarla!

Claro, el orgullo acompañado de religiosidad fue una de las primeras cosas que salió a relucir en esas citas de oración. Recuerdo también una vez que Emilio me pidió que si podía callarme mientras el oraba porque mi voz en un tono muy alto no lo dejaba concentrarse. Ese día casi que tiro la toalla en el asunto de orar juntos, pero gracias a Dios y al Espíritu Santo pasé la prueba.

El enemigo de nuestras almas estaba muy interesado en ponernos desánimo para que no lográramos obtener la victoria que la Biblia nos describe en Mateo 18:20.

Jesús quería que experimentáramos un nuevo nivel de comunicación con el Padre a través de la oración convenida. Estábamos a punto de descubrir el poder de orar juntos como esposos que nos llevaría a una intimidad espiritual convirtiéndonos así en UNO en el espíritu.

Esto ha sido una de las cosas que más disfrutamos ahora como matrimonio, empezamos nuestros días, semanas, meses en oración, hemos aprendido a anticiparnos a los eventos pidiendo a Dios nos guíe en todo lo que haremos, y es increíble cómo hemos recibido la dirección, la paz y el consuelo que necesitamos de esos momentos de oración.

Despertar cada día poniendo a Dios primero nos ha traído grandes ganancias, no solo aquí en la tierra sino también ganancias eternas.

CAPÍTULO 5
Convirtiéndose en uno

Cada vez que tengo la oportunidad de oficiar ceremonias de matrimonio me lleno de emoción al saber que dos personas están decidiendo vivir el resto de sus vidas complementándose el uno al otro. Y si me preguntaras cuantas ceremonias he oficiado, creo que ya perdí la cuenta.

Como ministro empiezo la ceremonia parado junto al novio esperando la procesión de todo el cortejo nupcial para culminar con la entrada triunfal de la novia. Ha habido ocasiones donde no puedo contener alguna lágrima al ver la belleza de la novia y su impresionante acercamiento hacia donde la estamos esperando. Puedo intuir su emoción, estoy seguro que su corazón viene palpitando aceleradamente. Cada paso que da es un paso más cerca para cumplir sus sueños, para iniciar una aventura o para renovar los votos que se hicieron años atrás. Es interesante ver los rostros de los novios desde esta perspectiva única. A veces puedo ver el nerviosismo, inquietud o incluso hasta un poco de frustración que se refleja en los rostros de los novios. Por el contrario casi siempre el rostro de la novia es totalmente diferente. Sus ojos están llenos de emoción, romanticismo, pasión, esperanza y felicidad por este evento que probablemente han estado planeando con tanta dedicación y esfuerzo. Pero también a veces ocurren los *bloopers* o cosas cómicas en las ceremonias como cuando la niña de la flores ya no quiere caminar o sale corriendo, cuando el novio bota el anillo o lo que me pasó en una ocasión al estar leyendo los votos que los novios se intercambian, no había cambiado el nombre de los novios de la ceremonia anterior en mi documento y cuando dije "Pedro aceptas a..." los novios y los asistentes a una sola voz dijeron: "¡No, es Martin"! Se imaginan como me sentía en ese momento. O en otra ocasión se me olvidó llevar zapatos de vestir a una boda muy elegante y tuve que usar unos zapatos de gamuza que no eran adecuados para la boda, tratando de esconder los pies durante la ceremonia. Pero de una u otra forma las bodas son ocasiones muy especiales.

Un porcentaje bastante alto de las bodas que realizo son de personas que han estado viviendo en unión libre por muchos años y que por alguna u otra razón no han formalizado su relación ante las autoridades civiles y ante la Iglesia. Precisamente hace poco tiempo tuve la dicha de oficiar una de estas bodas. Los *novios* habían estado viviendo juntos por 16 años, con tres hijos y aparentemente todo estaba normal para ellos. Hace algunos meses empezaron a asistir a la iglesia. Los cinco decidieron invitar a Jesucristo a ser el Señor de sus vidas, iniciaron un curso de nuevos creyentes, luego se bautizaron en agua siguiendo las ordenanzas de Jesús para culminar con su boda, porque como ellos me lo explicaron querían honrar a Dios con su relación y dejar un precedente para sus hijos. Estaban tomando en serio su relación matrimonial y espiritual.

He tenido el honor de oficiar bodas en distintas clases de lugares, en la playa, en lagos, en jardines botánicos, incluso en un viñedo del valle de Napa, en un convento histórico que data del siglo XVI ahora convertido en hotel, en iglesias, en apartamentos o hasta en mi propia oficina o en el patio de una casa como lo es el caso de la boda que mencionaba anteriormente. Probablemente esta sea una de mis favoritas, no era el lugar, ni mucho menos la comida o el clima. Había un ambiente muy especial, entre varias personas de la iglesia les ayudaron a decorar, no había trajes ni vestidos pomposos, no había fotógrafos rondando con sus grandes lentes, ni *DJs* con sus gigantescas bocinas, ni efectos ni luces especiales. Pero lo que sí se podía sentir, era un profundo amor y compromiso de los *novios* para con Dios y entre ellos mismos. Sus miradas parecían las de dos adolescentes que estaban a punto de sumergirse en el destino que habían soñado. En los rostros de los hijos se reflejaba el orgullo y felicidad por lo que sus padres estaban realizando. Definitivamente sí que era una boda muy especial: ellos estaban decidiendo convertirse en uno.

En cierta oportunidad los líderes religiosos del tiempo de Jesús le querían tender una trampa al preguntarle sobre si era lícito el divorcio. En aquella época era muy común darle cartas de repudio a las mujeres (no se menciona que hubieran cartas de repudio para los hombres) por cualquier cosa. Me imagino que muchos se aprovechaban de esa tradición para no enfrentar los problemas, a lo mejor otros ya tenían puestos sus ojos en otras mujeres y recurrían a esta carta para terminar así el compromiso que habían hecho ante Dios y ante las autoridades religiosas. De hecho en las corrientes teológicas del judaísmo en los primeros siglos de nuestra era existían dos posiciones principales sobre este asunto. La del rabino Shammai estipulaba que la única causa válida para el divorcio era la inmoralidad sexual mientras que la del rabino Hilel daba licencia para divorcio por cualquier cosa que el marido no estuviera contento con su esposa. Bajo estas leyes se podían conseguir cartas de divorcio por las causas más ridículas posibles, así fuera apariencia, mala cocinera, enfermedad o cualquier tontería posible. Y estoy seguro que se cometieron muchas injusticias contra mujeres que perdieron el sustento y protección de sus esposos convirtiéndose en la vergüenza en sus comunidades.

Leamos la respuesta que Jesús dio a estos religiosos:

"Unos fariseos se acercaron y trataron de tenderle una trampa con la siguiente pregunta:—¿Está bien permitir que un hombre se divorcie de su esposa?

Jesús les contestó con otra pregunta:—¿Qué dijo Moisés en la ley sobre el divorcio?

—*Bueno, él lo permitió* —contestaron—. *Dijo que un hombre puede darle a su esposa un aviso de divorcio por escrito y despedirla.*

Jesús les respondió: —*Moisés escribió ese mandamiento solo como una concesión ante la dureza del corazón de ustedes, pero desde el principio de la creación "Dios los hizo hombre y mujer".*

"Esto explica por qué un hombre deja a su padre y a su madre, y se une a su esposa, y los dos se convierten en uno solo". Como ya no son dos sino uno, que nadie separe lo que Dios ha unido." (Marcos 10:2-9 NTV)

Durante los últimos dos mil años ha habido diferentes posiciones referente al divorcio en la iglesia, pero en nuestra sociedad moderna el divorcio no solamente ha aumentado considerablemente sino que también casarse ya no es una prioridad o meta en la vida de las personas. Conseguir carreras, estudios, estabilidad económica o negocios están tomando la delantera y posponiendo el casamiento o simplemente borrándolo de la escena porque para muchos es algo obsoleto y que requiere mucho compromiso. Incluso se habla de que en el futuro próximo, en treinta o cincuenta años el matrimonio como lo conocemos hoy podría cambiar drásticamente. Algunos piensan que habrá *contratos renovables* de matrimonio. Después de estar casados por dos o cinco años se podrá rescindir de ese contrato y terminarlo o renovarlo según los deseos de la pareja. Otros piensan que en el futuro también será permitido tener más de un cónyuge o que el matrimonio desaparecerá de la sociedad. Sin ir tan lejos, hoy el matrimonio ya no es exclusivo de un hombre y una mujer, cada vez más estados y países alrededor del mundo están aprobando leyes para reconocer matrimonios del mismo sexo, o la nueva tendencia de intercambio de parejas.

Existen muchos escenarios escalofriantes de lo que podría ser una familia en el futuro, pero regresando al presente y sobre todo regresando a las palabras de Jesús que leímos anteriormente estoy seguro de que si estas palabras han permanecido por dos milenios

La verdad debajo de las sábanas

seguirán teniendo vigencia por muchas generaciones por venir para aquellos que las crean y las pongan en práctica. Y es en estas palabras que Él menciona el hecho de convertirse en *uno solo*.

¿Pero qué conlleva el convertirse en uno? ¿Cómo se puede llegar a estar tan compenetrado en la vida de otra persona?

El convertirse en *uno* es un proceso que dura toda la vida. Es un comportamiento intencional de ambas partes para ir cediendo y rindiéndose el uno al otro. Es interesante notar que la gran mayoría de nosotros cuando pensamos en casarnos, probablemente planeamos la ceremonia, la luna de miel, donde íbamos a vivir, cuántos hijos quisiéramos tener o en el mejor de los casos como íbamos a usar las finanzas. Pero creo que muy pocos hablamos acerca de lo que realmente significa el matrimonio: perder nuestros derechos en beneficio de nuestra pareja. En otras palabras casarse significa que nuestra vida ya no nos pertenece, la era del *yo* ha finalizado para dar paso a la era de *nosotros*. Este concepto es tan básico y aparentemente simple pero no aplicarlo continuamente puede producir en cualquier matrimonio problemas muy serios.

> **El convertirse en uno es un proceso que dura toda la vida. Es un comportamiento intencional de ambas partes para ir cediendo y rindiéndose el uno al otro.**

Creo que la llave que abre las puertas para que este proceso de convertirse en uno sea una realidad es el negarse a uno mismo. Por supuesto que esta disciplina de negarse a uno mismo no es nada popular en nuestra cultura, donde constantemente nos bombardean con mensajes de auto gratificación. La cultura del yo predomina en la publicidad, en las modas, en las redes sociales donde las fotografías *selfie* son tan comunes esperando muchos *likes*. Este concepto de auto negación tiene un principio fundamental en el matrimonio: el sacrificio.

Cualquier matrimonio exitoso y saludable que perdura a través de los años podrá decirte con toda seguridad uno de sus más grandes baluartes: el sacrificio constante que se hace por la otra persona. Negación a mis beneficios, a mis gustos, a mis intereses se traduce en sacrificio porque no sucede en automático, se necesita un deseo intenso de buscar el bienestar, el gusto y los intereses de mi pareja. Esto es algo que va en contra de mi propia naturaleza. La misma palabra sacrificio no es muy alentadora y podría tener una connotación de algo que no es tan placentero o incluso algo de dolor. El diccionario de la Real Academia Española define el sacrificio como un *acto de abnegación inspirado por la fuerza impetuosa del amor*. En otras palabras sacrificarme por mi esposa(o) solamente muestra un nivel profundo de entrega, servicio y dedicación que se basa en la poderosa fuerza del amor. Todo sacrificio requiere esfuerzo pero todo sacrificio también tiene recompensas.

Piensa en un momento en los logros que has alcanzado. Tu carrera, la casa que tanto soñaste, el viaje a ese lugar que tanto habías planeado, las libras extras que al perderlas no podías creer que te quedara aquella camisa o blusa que estaba guardada en el closet, esa cantidad de dinero que pudiste ahorrar o la libertad que sentiste al pagar aquella deuda que era una verdadera carga. O que tal tu relación con Dios, cuando recuerdas tu frialdad, indiferencia o incredulidad hacia el Señor y hoy sabes que El está a tu lado en cada momento de tu vida.

Cada uno de esos logros tienen un denominador común, todos ellos han requerido de cierto esfuerzo, algún tipo de disciplina o mejor dicho, han requerido sacrificar algo que no era tan importante o valioso en orden de alcanzar la meta que tanto deseabas, la meta que un día pudiste visualizar y por la cual empezaste a trabajar duro.

Y es aquí donde muchas parejas están dejando pasar una tremenda oportunidad de disfrutar de su relación al máximo. No han hecho una pausa para visualizar la mejor versión de su matrimonio.

Si en este momento te invito a que escribas el estado ideal de tu relación, podrías darle respuesta a estas preguntas:

¿Cómo desearías que fuera tu matrimonio?

_____

_____

_____

_____

¿Cuáles serían las características más sobresalientes?

_____

_____

_____

_____

¿De qué forma estarían disfrutando la vida juntos?

_____

_____

_____

_____

¿Qué clase de conversaciones te gustaría tener?

_____

_____

_____

_____

¿Cómo quisieras que fuera el futuro de tus hijos?

_____
_____
_____
_____

¿Cómo quisieras que fuera tu futuro financiero?

_____
_____
_____
_____

¿Cómo definirías un día soñado con tu cónyuge?

_____
_____
_____
_____

¿De qué forma te gustaría disfrutar una relación con Dios como pareja?

_____
_____
_____
_____

La verdad debajo de las sábanas

Todas estas visiones de tu matrimonio pueden dejar de ser simples sueños cuando empiezas a definir las cosas que hay que sacrificar para alcanzar esa meta. El esposo tiene que sacrificar algo. La esposa tiene que sacrificar algo. Cuando esperamos que la otra persona es la que tiene que hacernos felices estamos perdiendo la dirección de lo que significa el matrimonio. De alguna manera la pintura que nos pinta Jesús de convertirnos en uno, tiene componentes donde me tengo que *borrar* como individuo para que dos se conviertan en uno. Y esto no significa que pierdes tu identidad o personalidad sino que ganas la unidad del matrimonio porque como dice la Biblia:

"Es mejor ser dos que uno, porque ambos pueden ayudarse mutuamente a lograr el éxito." (Eclesiastés 4:9 NTV)

El proceso de convertirse en uno se inicia cuando empiezas a descubrir las cosas que tienes que sacrificar, cuando te das cuenta que tú eres el principal impedimento para lograr el éxito. Toda pareja que aún no ha llegado a esta conclusión está deteniendo el avance hacia el diseño original del matrimonio. Es interesante notar que en la gran mayoría de las consejerías matrimoniales que llevo a cabo, las parejas inician compartiendo su problema o dificultad, pero casi todas lo hacen exponiendo como su pareja es la responsable de lo que está sucediendo, casi siempre es la otra persona la que está causando este problema. Es muy raro que alguien inicie la conversación diciendo que él o ella es la causa o que tiene también culpa o responsabilidad en lo que les está aconteciendo. Siempre es más fácil enfocarse en los demás que en nosotros mismos.

Regresemos a la imagen ideal de tu matrimonio que hiciste hace unos momentos.

¿Qué papel tienen tus acciones en esa visión?

¿Qué es lo que tú haces en esos sueños?

¿Estás solo disfrutando o recibiendo lo que el otro tiene que hacer?

Para cada una de esas respuestas o de otras que pudieras tener, el ingrediente principal es tu propia responsabilidad. No esperar que el otro tome la iniciativa o esperar que el otro accione para tú empezar a hacerlo.

Un matrimonio exitoso está compuesto de dos personas que aceptan y reconocen su responsabilidad para convertirse en uno.

Donde ambos van a sacrificar algo de uno para ganar algo de dos.

Siempre habrá algo que puedo sacrificar como individuo.

Siempre habrá algo que podemos ganar como pareja.

> *Desde el corazón de Luisita*
> *Este capítulo puede que sea muy retador para ti como lo fue para nosotros en los primeros años de nuestro matrimonio. ¡De veras que sí lo fue! La palabra sacrificio no la conocíamos en lo más mínimo. Tras muchos problemas donde ninguno quería dar su brazo a torcer o no quería tomar responsabilidad alguna fue que sufrimos al principio.*
>
> *Yo venía de un hogar donde habían infidelidades, pleitos y donde mi madre tuvo que hacerse fuerte y dura para soportarlo, gracias a Dios ellos conocieron a Dios y las cosas mejoraron, pero por mi parte ya había sido entrenada por 20 años de mi vida para fracasar. Llegué al matrimonio con una maleta de trapos sucios que pretendía seguir usando. Y es allí donde la luz maravillosa del Señor empezó a alumbrarme mostrando esos rincones de mi corazón que tenía que entregar y cambiar para que nuestro matrimonio funcionara. El orgullo, el no saber perdonar las ofensas, el aislarme cuando no quería enfrentar el conflicto, cuando emocionalmente me derrumbaba y como una tortuga me escondía eran unas de las tantas cosas que traía a esta relación.*

Había leído muchas veces que estaba en el matrimonio para ser UNO pero, ¡qué lejos estábamos de esa verdad en los primeros años de nuestro matrimonio!

Aunque nos sentíamos dichosos porque nuestro amor era tan grande y tenía algo muy especial, hoy sabemos para qué nos serviría: para poder compartir con otras personas la belleza del matrimonio.

Pero regresando a cómo nos hemos convertido en UNO durante estos 35 años (al día de hoy, mayo 1 del 2019) solo les puedo decir que es simplemente maravilloso. Los principios que encontramos en el manual de la Biblia no fallan ni fallarán porque los estableció alguien más grande y poderoso que nosotros. El secreto de que nuestro matrimonio sea bello es que aplicamos los principios aunque no sean fáciles de cumplir, obedecerlos nos ha dejado grandes ganancias y victorias. Para mí el respetar a Emilio no es algo que él me ha sugerido, o que me lo esté repitiendo constantemente o en el peor de los casos que me obligara a hacerlo.

Ha sido el creer que si la Biblia dice que debo respetarlo y honrarlo como si fuera Jesús seré bendecida.

Si la Biblia dice que debo perdonarlo para que yo sea perdonada por mi Padre entonces yo seré bendecida.

¡Y así podría mencionarte muchísimos más pasajes bíblicos que si los cumplimos tendremos el cielo aquí en la tierra!

Nos hemos estado convirtiendo en uno cada día que pasa, nos hemos unido emocionalmente, físicamente y sobre todo espiritualmente. De esta manera no hay lugar para el egoísmo, el orgullo y el propio interés personal que es todo lo que nos DESUNE

CAPÍTULO 6
Sexo en 3D

¿Has visto últimamente alguna película en 3D?

Durante el verano de 2017 recibimos la visita de nuestra hija Paola y sus dos hijas que viven en Canadá. Uno de esos días llevamos a nuestras nietas que en ese tiempo tenían seis y cuatro años respectivamente a ver el estreno de Despicable me 3 (Mi villano favorito 3) en 3D. Para ellas iba a ser la primera vez viendo una película en ese formato. Estaban muy emocionadas y al mismo tiempo algo nerviosas. Recuerdo que antes que empezara la película se ponían y se quitaban los lentes para ver si miraban algo diferente durante los *trailers* de los próximos estrenos, pero no miraban nada extraordinario. Al iniciar la película y empezar a experimentar los efectos especiales Sofía, la más grande, se reía y trataba de alcanzar con sus manitas las imágenes que sentía salirse de la pantalla. Luego se quitaba los lentes y me miraba con cara de decepción al notar que las imágenes sin lentes no eran tan divertidas. Por lo cual le decía que se los pusiera nuevamente. Las películas en 3D se disfrutan con los lentes 3D. Sin ellos solo son imágenes sin sentido.

Creo que al hablar del sexo en 3D la gente se imagina muchas cosas, de hecho cuando hemos anunciado este tema en retiros matrimoniales nunca faltan las risas y las caras de asombro. A lo mejor algunos piensan que les daremos lentes 3D y los enviaremos a sus habitaciones a experimentar algo nuevo o con alguna clase de tecnología. Pero la realidad es que considero que la idea que tenemos del sexo es unidimensional y relacionada directamente a la unión física. El concepto del sexo en tres dimensiones tiene que ver con una intimidad o unión emocional, física y espiritual. Es un sexo total donde participan todas las partes que componen nuestro cuerpo: espíritu, alma y cuerpo. Una relación de este tipo nos permitirá experimentar, descubrir, disfrutar y sacarle mucho más provecho a lo que conocemos por sexo.

El sexo físico sin los componentes emocionales y espirituales puede ser como ver esa película en 3D sin los lentes puestos. Es como disfrutar solo la parte más externa y superficial de lo que Dios mismo diseñó con tanta perfección y armonía. Es muy común escuchar a las mujeres decir que se sienten usadas ya que normalmente los hombres tendemos a enfocarnos solamente en el sexo físico.

Necesitamos satisfacer ese apetito sexual tan fuerte con el que fuimos diseñados y a veces se nos olvida que nuestra pareja está esperando algo muy diferente de lo que nosotros tenemos en mente. Por su parte ella se imagina una noche romántica, cenar en su lugar favorito, flores, una velada sin perturbaciones, conversaciones profundas, donde pueda conocer nuestro corazón, caricias no sexuales (como caminar tomados de la mano) y por supuesto escuchar repetidamente que la amamos, que la amamos y que la amamos para poder entonces iniciar el contacto físico de intimidad. Nosotros por el contrario nos imaginamos una noche apasionada donde ella se encuentra loca de deseo por nosotros, sin importar lo que esté pasando afuera. Aun si fuera la Tercera Guerra Mundial nada detendría el fuego ardiente que nos consume. Mientras menos hablemos mejor, mientras más gritos mejor y que ella pueda conocer cuan potente soy, que nos acariciemos desenfrenadamente hasta llegar a un final orgásmico de proporciones épicas. Eso sí, después de eso que nadie nos moleste para poder dormir como un bebé.

Evidentemente estos escenarios no siempre ocurren y si no somos lo suficiente intencionales para manejar las diferencias de nuestro diseño sexual los problemas empiezan a surgir, frustraciones empiezan a socavar nuestra intimidad y esas noches mágicas de encuentros sexuales con nuestra pareja se quedan solo en sueños llenos de fantasía y muy distantes de la realidad del diario vivir.

¿Hace cuánto que tuviste una de esas noches mágicas?
¿Hace cuánto que disfrutaste tanto con tu esposa(o) que hubieras querido que nunca terminara?
¿Hace cuánto que ella te dijo que eres el mejor amante del mundo?
¿Hace cuánto que tu esposo te dijo que te ama, que te ama y que te ama y que se casaría mil y una veces contigo?

Todo matrimonio tiene el potencial de contestar estas preguntas adecuadamente, todo matrimonio tiene el potencial de experimentar el sexo en 3D cuando logra conjugar efectivamente los tres componentes esenciales con los que fuimos diseñados.

En los próximos tres capítulos quiero que me acompañes en un viaje profundo, introspectivo y honesto a cada uno de esos componentes en tu vida, en la vida de tu cónyuge, en la relación íntima entre ustedes, en la relación íntima de cada uno de ustedes con Dios y en la relación de ustedes como pareja con Dios. Podría ser que durante ese viaje a lo mejor te encontraras con caminos empinados o escabrosos, con lugares o situaciones que no quieres recordar o con responsabilidades que es más fácil evitar, a lo mejor tendrás la tentación de tomar desvíos para no enfrentarte a la realidad o simplemente podrías tener el deseo de parar y no continuar con el viaje porque el destino parece demasiado distante.

> *Desde el corazón de Luisita*
> *¡No te desanimes!*
> *¡Esto se pone bueno!*
> *¡Estás a punto de descubrir secretos y armas que le darán a tu relación matrimonial un giro total para bendición!*
>
> *Si has llegado hasta esta parte del libro, déjame decirte aún queda lo mejor. El sexo en 3D es una realidad que está disponible para que lo vivas y que lo vivas en abundancia.*

Si has llegado hasta esta parte del libro, déjame decirte aún queda lo mejor. El sexo en 3D es una realidad que está disponible para que lo vivas y que lo vivas en abundancia.

CAPÍTULO 7
Uno en las emociones

¿Cuándo fue la última vez que te peleaste? ¿Cuándo fue la última vez que dijiste algo o hiciste algo que no le agradó a tu esposa (o) en lo más mínimo? ¿Cuándo fue la última vez que te sentiste frustrado, enojado o decepcionado por algo que hizo tu esposa (o)?

Hace algunos meses tuvimos una situación no muy agradable con Luisita. Cada año a principios de octubre tenemos una conferencia de liderazgo llamada Influencia, para equipar e inspirar a los pastores hispanos del área de Atlanta. Invitamos a diferentes pastores que vienen de varios países para compartir principios prácticos y relevantes que eleven el nivel de influencia de los líderes y pastores de nuestra comunidad. Dentro de estos pastores, vino mi mejor amigo Antulio Castillo de la iglesia Vida Real en Guatemala. Durante esa semana me esforcé mucho en atenderlos, en pasar tiempo de calidad con ellos y tratar de que la pasaran de la mejor forma. Pero no me percaté que había dejado completamente a Luisita de lado. No le había puesto atención, casi no habíamos hablado y en cierta forma la estaba relegando a un lugar de menos prioridad en todo lo que estábamos haciendo. Al terminar la conferencia cuando todos se fueron, teníamos que asistir al retiro anual de pastores de nuestra iglesia, por lo cual teníamos que manejar unas cinco horas para llegar al lugar donde sería el retiro.

Inmediatamente cuando empezamos a manejar sentí una

La verdad debajo de las sábanas

frialdad y un silencio muy inusual en mi conversación con Luisita, por lo cual le hice la pregunta del millón de dólares. ¿Te sientes bien? ¿Te pasa algo? Y su respuesta fue la típica en este tipo de situaciones: No, no tengo nada, estoy bien. Y de nuevo el silencio. No había que ser muy sabio para saber que sí había algo que no estaba bien, por lo cual le pregunté nuevamente: ¿Decime qué te pasa? Entonces me voltea a ver, hace una pausa y con una mirada de asombro me dijo: Ahora sí, verdad. Ahora si quieres hablar conmigo, ahora que ya se fueron tus amiguitos ya tienes tiempo para mí. Y de nuevo el silencio. Solo que esta vez, hasta se durmió o se hizo la dormida y continué manejando hasta nuestro destino y no hablamos como por cinco horas.

Durante este tiempo sentía esto como un problemita para mí. Pero para ella no era tan pequeño, no estaba permitiendo que nos convirtiéramos en uno como lo dijo el Señor Jesús, sino al contrario nos llevaba a ser más individuales, a enfocarnos más en nuestra perspectiva, a encontrarnos con nuestras emociones personales. Por supuesto, algunos de ustedes podrán decir eso no es nada comparado con los *problemones* que ando acarreando, pero la realidad es que cosas tan pequeñas o normales como estas son las que se tornan en los problemas gigantes cuando no somos intencionales en lidiar con ellas. Claro que al llegar la noche hablamos nuevamente, nos pedimos perdón, quedamos en cambiar de actitud y estrategia para la próxima y todo terminó en una hermosa y apasionada reconciliación.

El concepto de ser uno en las emociones tiene que ver con poder identificar, manejar y sobretodo sacar el mejor provecho de nuestra relación emocional. Acuérdense, no son solo tus emociones o las emociones de tu esposa(o), son las emociones de ambos las que hay que conocer, son las emociones de ambos las que hay que trabajar, son las emociones de ambos las que los convertirán en uno. Cada vez que tenemos una discusión o pelea, ya sea grande o pequeña son nuestras emociones las que nos conducen a lugares de comprensión y estabilidad o por el contrario a posiciones difíciles donde jamás hubiéramos querido estar. Todos hemos hecho alguno de estos viajes emocionales y estoy seguro que de alguna forma todos hemos sido manejados o controlados por nuestras emociones en más de alguna oportunidad. Creo que cuando permitimos que nuestras emociones reinen en nuestra relación sin ningún tipo de restricción o dirección las peleas o discusiones que hubieran podido resolverse fácilmente se convierten en gigantes que se van tornando cada vez más difíciles de vencer. Y pareciera ser que se van formando murallas cada vez más altas, más fuertes que nos pueden llevar a esos lugares donde realmente nadie quiere estar. Lugares de soledad, frustración y tristeza.

Emociones asesinas

Recientemente leí un par de libros del Dr. John Gottman, un psicólogo estadounidense que por más de 40 años se ha dedicado al estudio de las relaciones matrimoniales. En sus libros *Siete Reglas de Oro para vivir en pareja* y *¿Por qué los matrimonios tienen éxito o fracaso?* nos cuenta acerca de su "laboratorio del amor" donde ha investigado a cientos de parejas, tomándoles videos de sus discusiones y pláticas, incluso monitoreando sus signos vitales cuando están hablando, comiendo o discutiendo y de esa forma han podido encontrar datos muy curiosos acerca del papel tan fundamental que juegan las emociones en nuestro matrimonio. Esos estudios dicen que hay cuatro cosas muy negativas que se repiten constantemente en los matrimonios. Cuando estas cuatro cosas a las cuales llama los "cuatro jinetes del apocalipsis" se salen del control, tienen el potencial de dañar la relación o incluso hasta la pueden destruir cuando no se toman las medidas necesarias para manejarlas inteligentemente. Los cuatro jinetes son: la crítica, el desprecio, la actitud defensiva y la actitud evasiva. Cuando las parejas solicitan hablar con nosotros pidiendo consejo, también hemos podido ver cómo estas *emociones asesinas* van matando lentamente las relaciones. Por supuesto que no solamente existen estas cuatro, hay muchas más, por ejemplo: la falta de confianza, el mal manejo de los conflictos, comunicación muy limitada y superficial o la falta de ella por completo, orgullo, falta de perdón, frustración, competencia, comparación y pudiera seguir con una lista muy larga de actitudes y emociones negativas, pero creo que todas ellas tienen un denominador común: todas ellas surgen de un corazón herido, de un corazón contaminado.

En cierta oportunidad los líderes religiosos del tiempo de Jesús estaban indignados con él porque sus discípulos no estaban acatando al pie de la letra algunas tradiciones que ellos venían practicando por cientos de años. El evangelio de Mateo nos relata que estos fariseos y maestros de la ley religiosa recriminaban al Señor y le pedían una explicación, la razón por la cual sus discípulos no se lavaban las manos antes de comer. Aunque ahora sabemos que es algo muy higiénico y saludable, el motivo de estos personajes no era una preocupación sincera de que ellos pudieran enfermarse, sino que lo tomaban como una afrenta contra sus posturas religiosas, lo miraban como una ofensa contra Dios, ya que al no hacerlo, desde su perspectiva, una persona en cierta forma se contaminaba espiritualmente. Por lo tanto, Jesús les tiene que explicar qué es lo que realmente los contamina.

"*—¿Todavía no lo entienden? —preguntó Jesús—. Todo lo que comen pasa a través del estómago y luego termina en la cloaca, pero las palabras que ustedes dicen provienen del corazón; eso es lo que los contamina. Pues del corazón salen los malos pensamientos, el asesinato, el adulterio, toda inmoralidad sexual, el robo, la mentira y la calumnia. Esas cosas son las que los contaminan.*" (Mateo 15:16-20 NTV)

Quiere decir que, según Jesús, todas estas cosas malas, comportamientos, actitudes o emociones asesinas están enraizadas en lo más profundo de nuestro ser esperando a brotar cuando las tensiones empiezan a subir de tono. Ahora si todo esto está dentro de nosotros, y a veces estas mismas emociones nos traicionan, qué pasa cuando en el matrimonio no solamente tenemos que lidiar con las nuestras sino también con las de mi esposa(o).

Hay cosas que no podemos controlar como el clima, el envejecimiento o el día en que moriremos; pero hay otras que sí podemos controlar como la cantidad y calidad de lo que comemos, los lugares a los cuales queremos ir y por supuesto nuestras emociones. Cada quien es responsable de manejar y controlar sus emociones, pero en el matrimonio el trabajo es doble. También hay que conocer y saber manejar las emociones de nuestra pareja para poder disfrutar de la unidad emocional. Así que revisemos algunas formas prácticas para manejar saludablemente nuestras emociones y las de nuestra pareja.

> **Cada quien es responsable de manejar y controlar sus emociones, pero en el matrimonio el trabajo es doble. También hay que conocer y saber manejar las emociones de nuestra pareja para poder disfrutar de la unidad emocional.**

Desde el corazón de Luisita

Quiero agregar que una de las cosas que más poder tiene para transformar nuestra vida es la relación matrimonial, nos hace madurar, expone todo lo que hay en nuestro corazón.

Alguien dijo que el matrimonio nos ayuda a ser mejores personas. ¡Claro que sí! Aunque tú no lo creas o no lo veas aún en tu vida, tú relación con tu esposo o esposa sacará lo feo, lo malo, y lo que no sirve que hemos venido cargando de nuestra niñez y de las experiencias en el pasado. No habrá una relación sincera y honesta hasta que no hayamos limpiado el corazón de las heridas del pasado.

Manejo de nuestras emociones

- **Cuidemos nuestra lengua**

    Las palabras que decimos cuando las emociones están fuera de sus niveles normales tienen demasiado poder para afectar nuestra relación.

    ¿Quién de nosotros no ha dicho algo tonto o fuera de lugar cuando estamos enojados o frustrados?

    ¿Cómo quisiéramos a veces traer de regreso las cosas que dijimos en un momento de ira? Creo que el poder dominar nuestra lengua en momentos difíciles es una señal de madurez, pero es especialmente determinante en el matrimonio. No importa cuántos años lleves casado o cuántos cursos de matrimonios has tomado, te puedo asegurar que siempre habrá situaciones donde serás probado para frenar tu lengua o escoger sabiamente tus palabras cuando tus emociones no estén del todo normales. A toda costa hay que evitar criticar, insultar, deshonrar o desvalorizar por medio de nuestras palabras cuando estamos enojados. Para algunos probablemente sea hasta más saludable decirle a su cónyuge que prefiere guardar silencio mientras puede nivelarse emocionalmente. El sabio escritor de Proverbios nos da algunos consejos muy prácticos referente a nuestras palabras:

    "Los que controlan su lengua tendrán una larga vida; el abrir la boca puede arruinarlo todo." (Proverbios 13:3 NTV)

    "Las palabras que brindan consuelo son la mejor medicina; las palabras dichas con mala intención son causa de mucha tristeza." (Proverbios 15:4 TLA)

Emilio Schumann

"Hasta el tonto pasa por sabio si se calla y mantiene la calma."
(Proverbios 17:28 TLA)

"Lo que uno habla determina la vida y la muerte; que se atengan a las consecuencias los que no miden sus palabras." (Proverbios 18:21 PDT)

Y si leemos detalladamente este último verso, creo que todos nosotros deseamos la vida para nuestro matrimonio y no la muerte. Así que midamos seriamente nuestras palabras en los momentos tensos.

> *Desde el corazón de Luisita*
> *¡Ay! !Ay! ¡La lengua! Qué difícil de controlar, recuerdo que al inicio de nuestro matrimonio mi lengua era el arma más poderosa que poseía, con ella podía derribar o levantar.*
> *Qué sabia es la Biblia cuando dice en Proverbios que con nuestra lengua damos vida o muerte. En repetidas ocasiones creo que estaba matando mi relación solo con abrir mi boca. Palabras como siempre, nunca o todo el tiempo haces lo mismo, eran palabras que herían y lastimaban a Emilio porque en realidad no era la verdad que "siempre" hacia algo malo, o que "nunca" ayudara en casa. Estas fueron algunas de las palabras que tuve que erradicar de nuestras conversaciones si deseaba tener una relación sana y duradera.*
> *Te invito a que pongas atención a las palabras que dices que pudieran estar hiriendo a tu cónyuge, haz una lista de ellas y ora a Dios para erradicarlas de tu vocabulario la próxima vez que tengas una conversación con tu esposo o esposa.*

- **Comprender antes de ser comprendido**

  Todos somos producto de nuestras experiencias, de nuestras familias, de nuestro temperamento y por supuesto de las emociones con que fuimos creciendo. Ya sea que nos hayan enseñado a manejarlas, o por el contrario que hayamos sido testigos de situaciones en nuestros hogares donde las emociones corrían libremente como ríos desbordados causando heridas o traumas que hasta hoy pudieran estar afectando la relación en nuestro matrimonio o con nuestros hijos. La realidad es que en el matrimonio alguien tiene que tomar la iniciativa, alguien tiene que estar en una posición más madura. Alguno de los dos tiene que iniciar este tipo de conversaciones donde puedan desnudarse emocionalmente y saber cuáles son las cosas que los hacen estallar, cuales son las cosas que los hacen retraerse o cuales son las cosas que los hacen sentirse aceptados y comprendidos. A lo mejor ya nos hemos dado cuenta cuáles podrían ser esos *botones* que encienden o apagan la relación, pero tal vez no hemos sido lo suficiente intencionales para sacar el mejor provecho de esas situaciones. O por el otro lado pudiera ser que estén brotando burbujas de insatisfacción, temor o frustración y no hemos sido capaces de discernir estas señales de advertencia. Estas burbujas son mensajes deliberados o inconscientes que nuestra pareja nos está mandando cuando hay algún problema o experiencia importante que necesita expresar. Muchas veces son gritos internos pidiendo ayuda o alguna necesidad que debería ser atendida. Cuando respondemos bien ante las burbujas podemos encontrar una línea directa hacia el corazón de nuestra esposa(o).

  A continuación, les comparto algunas sugerencias para crecer en la comprensión emocional de tu pareja:

- ✓ Saber escuchar: escuchar es un arte que se aprende y se perfecciona. Se necesita demostrar atención completa, contacto visual, evitar distracciones y distractores (teléfonos), un lugar adecuado, un tiempo preparado anticipadamente. No interrumpir cuando el otro está hablando, no tratar de minimizar su problema, expresiones faciales que demuestran mi interés por lo que estoy escuchando, puedo repetir lo que escuchado para clarificar que estoy entendiendo.

- ✓ Hacer las preguntas adecuadas: una pregunta bien formulada puede abrir la puerta para conversaciones profundas y transformadoras. Se dice que hay dos tipos preguntas: las cerradas que solo dan lugar a una respuesta correcta como un "Si" o un "No". Por ejemplo: ¿Llegaste tarde a la reunión de la escuela de los niños? Mientras que las preguntas abiertas le dan a tu pareja la oportunidad de dar más de una respuesta o explicar o abrirse más sobre el tema que se está hablando. Por ejemplo: ¿Por qué llegaste tarde a la reunión de la escuela de los niños? Todos podemos crecer en el arte de hacer preguntas abiertas que nos ayuden a comprendernos mejor. Puedes tratar de practicarlas en tu próxima conversación.

- ✓ Exponerse: decir cómo nos sentimos o pensamos al reaccionar ante las situaciones por la que está pasando nuestra pareja. No juzgarlos, criticarlos o condenarlos sino por el contrario mostrar nuestros sentimientos o pensamientos. Regresando al ejemplo de los niños, existe una gran diferencia cuando le dices a tu esposa(o): "Ya sabía que siempre llegas tarde, con eso nos demuestras realmente cuanto nos amas". Una aseveración de este tipo solo va a causar heridas y distanciamiento porque estas atacando su carácter, estas poniendo en duda su entrega y amor por la familia. Puedes exponer tus sentimientos y preocupación de una mejor manera diciendo: "Me sentí muy triste cuando supe que llegaste tarde a la reunión. ¿De qué forma crees que te puedo ayudar para no quedar mal con los niños?"

- ✓ Observaciones: son nuestras respuestas personales a lo que ha dicho nuestra pareja. Por ejemplo, podemos usar los siguientes términos:

a) Parece que... fue un día duro para ti, no sabía que estabas pasando por eso en el trabajo; estás haciendo más de lo debido, has de estar muy cansado, perdóname por presionarte tanto con la reunión de la escuela de los niños.

b) Tuviste que... haber pasado un tiempo muy difícil, ¿cómo lograste sobreponerte?, ¿me puedes contar más?

c) Realmente... has sido muy responsable con nosotros durante todas estas pruebas, me siento tan orgulloso de ti.

Examinarse

Qué tan bien estoy comprendiendo a mi esposa (o). Califícate lo más honestamente posible en la tabla de debajo y luego suma tus resultados.

1 = Casi nunca   2 = Ocasionalmente
3 = A menudo   4 = Casi siempre

Soy paciente con mi esposa (o) cuando quiere expresar sus sentimientos en palabras	
Normalmente uso preguntas abiertas y no preguntas cerradas cuando estoy hablando con mi esposa(o)	
Reconozco las burbujas verbales y no verbales fácilmente	
Mantengo contacto visual apropiado, viendo a mi esposa(o)	
Mi postura y comportamientos no verbales comunican interés a mi esposa(o)	
Resisto a cambiar el tema a mis propios intereses y me enfoco en los intereses de mi esposa (o)	
Cuando me comparte del corazón le doy todo el tiempo que necesite para hacerlo	
Trato de mantener las interrupciones al mínimo cuando alguien está hablando conmigo	
Mi expresión facial demuestra que estoy interesado en la otra persona	
Mis respuestas son balanceadas con una mezcla apropiada de saber escuchar, preguntas abiertas, exponerme y observaciones	
TOTAL	

De 10 – 20   Debes aprender a comprender más a tu pareja, te enfocas demasiado en ti mismo.
De 20 – 30   Puedes mejorar aún más y crecer en esta área.
De 30 – 40   ¡Estas comprendiendo antes que ser comprendido! ¡Sigue así!

- **Perdonar**

    Probablemente el ser capaz de perdonar y ser perdonado es una de las cosas que pueden hacer una tremenda diferencia en cualquier relación, no solamente en el matrimonio, sino también en las relaciones familiares, con las amistades, en el trabajo o en la misma iglesia. Creo que todos hemos tenido alguna experiencia donde hemos sido ofendidos o hemos ofendido a alguien. De hecho las ofensas que más nos duelen son aquellas que provienen de los que más amamos. Y el problema no es que hayamos sido ofendidos, porque a lo mejor el evento ocurrió hace años, el problema es que muchas personas andan todavía cargando ese evento en sus vidas, incluso muchos no han podido desarrollarse completamente porque de alguna manera permanecen atados a ese evento. Es como si estuvieran encadenados a esa ofensa, a ese abuso, a esa experiencia que nunca hubieran querido experimentar. La gran mayoría de las personas solo han sido víctimas de los ofensores, ellos no tuvieron culpa o responsabilidad alguna en ese hecho que los marcó de por vida. Y es aquí donde la situación empieza a tener efectos colaterales, porque esa carga también hace daño a los que están cerca y especialmente a nuestra pareja o a nuestros hijos.

    La mayoría de nosotros no fuimos entrenados a perdonar sino todo lo contrario: a pegar de regreso, a que tengan su merecido los ofensores, a tomar venganza. Y aunque es difícil perdonar cuando los sentimientos nos dicen todo lo contrario los beneficios del perdonar son innumerables. El pastor Rony Madrid de la iglesia Vida Real en Guatemala escribió hace algunos años un libro muy interesante llamado La Vuelta al Corazón en 40 días, un devocional que día a día te lleva por los laberintos de nuestro corazón y tiene una extensa explicación del perdón, sus beneficios y cómo poder hacerlo. Si consideras que necesitas profundizar más sobre este tema te sugiero que lo compres, será un tremendo recurso para tu vida. El menciona varios beneficios de perdonar: hace que Dios te defienda, te libra del verdugo de la enfermedad, abre posibilidades para el futuro, el perdón hace que puedas vivir nuevamente, el perdón descarga tu corazón del pasado, prepara el camino para que Dios te perdone y también prepara el camino para que otros te perdonen.

En el matrimonio el perdonar es indispensable, tiene que ser una actitud constante a través de los años, de hecho nos tenemos que volver *perdonadores profesionales* sin realmente queremos disfrutar una relación extraordinaria.

> **En el matrimonio el perdonar es indispensable, tiene que ser una actitud constante a través de los años, de hecho nos tenemos que volver *perdonadores profesionales* sin realmente queremos disfrutar una relación extraordinaria.**

Luisita tuvo que poner en práctica el perdón como nunca antes lo había hecho. Hace 15 años estábamos estudiando para pastores en la escuela de ministerio de nuestra iglesia. Y dentro de una de las clases recibimos una sobre la transparencia. Nuestro pastor nos enseñaba que para poder ejercer el ministerio efectivamente teníamos que andar como Adán y Eva estuvieron en el Edén antes

La verdad debajo de las sábanas

de la caída, teníamos que andar desnudos o sea sin nada que ocultar, sin ningún secreto, cien por ciento transparencia y vulnerabilidad en nuestra relación. Cuando lo oí, inmediatamente recordé de un hecho muy desagradable y vergonzoso que había acontecido recién casados. Teníamos solamente dos años de casados, estábamos sumidos en algunas deudas y Luisita en su afán de ayudarme me dijo: "si quieres podría irme con mis papas a Miami por unos tres o cuatro meses, trabajo algo y así te ayudo a pagar esas deudas". La idea me pareció muy buena, y en poco tiempo la estaba despidiendo en el aeropuerto. En ese tiempo mi relación con Dios era casi inexistente, si asistía a la iglesia era solamente para complacer a Luisita, a mis padres o para saludar a los amigos que tenía allí. Estaba trabajando en un laboratorio farmacéutico y estaba a cargo de varias trabajadoras. Sin darme cuenta empecé a entablar conversaciones con una de ellas, salimos y desgraciadamente tuve relaciones sexuales con ella. Guardé ese secreto por 18 años, fue algo que no quería sacar a luz por ninguna circunstancia. Pero al escuchar esa enseñanza sobre la transparencia, sentía que tenía que ser libre de ese secreto y cada vez más sentía la necesidad de contárselo a Luisita. Le pregunté a algunos amigos muy cercanos, si lo debería de hacer y me recuerdo que uno de ellos me dijo: "¿Estás loco? ¡Para que herir así a tu esposa con algo tan viejo! ¡Vas a destruir tu matrimonio!" Pero la intranquilidad no me dejaba en paz. Así que un día mientras íbamos en el carro, le dije: "tengo algo importante que te quiero hablar." Inmediatamente me puso toda la atención y al mismo tiempo me respondió diciendo: "No me lo digas ahora, déjame orar antes, prepararme y te digo cuando esté lista". Lo primero que pensé fue, ¡espero que se le olvide! Pero como a la semana nuevamente íbamos en el carro y repentinamente me dijo: "bueno decime, estoy lista". Tuve que tomar aire y empezar. "¿Te recuerdas cuando te fuiste a Miami hace 18 años…?" Y al ir contándole la triste historia su rostro se fue demacrando hasta que empezó a llorar y solamente me decía, "no puede ser, creía que eras diferente, ¿cómo me pudiste hacer eso?" Claro mi respuesta era la más defensiva para esa ocasión, "¡pero si fue hace 18 años!" A lo cual ella contestó inmediatamente, "¡sí pero siento que fue ayer!"

Después tuvimos los días más fríos y alejados de nuestra relación, Luisita solo me hablaba para lo necesario y por mi parte no sabía cómo reestablecer la comunicación. Empecé a creer lo que aquel amigo me había dicho y dudaba si había hecho una decisión sabia.

Nuevamente veníamos en el carro, después de una semana de frialdad e incertidumbre. Íbamos escuchando música cristiana, en eso la canción No Importa de Lily Goodman captó nuestra atención, y de repente Luisita empezó a cantarme la parte del coro que dice:

No importa que las olas se levanten altas
y que el sol salga por donde salga
que la luna oculte su esplendor
que el sol no de su calor
te quiero y siempre lo gritaré al cielo
si tropiezas aquí estoy sincero
mi alma está ligada a ti, como arena y mar mucho
más por siempre

Fue un momento tan precioso que cada vez que me recuerdo se me llenan los ojos de lágrimas. Los dos empezamos a llorar, tuve que estacionarme al lado de la carretera, nos abrazábamos, nos besábamos y no cesaba de pedirle perdón. Lo que pasó ese día, elevó nuestra relación a un nuevo nivel, a ese nivel de transparencia y vulnerabilidad donde no hay nada que esconder. Ya no tengo cadenas que me esclavicen al pasado pero el factor determinante en este caso y en cualquier caso donde haya habido algún tipo de ofensa es el perdón. Claro, podrían surgir preguntas que nos impidan el buscar y practicar el perdón.

¿Cómo puedo perdonar aun cuando no lo siento?

¿Va a volver todo a la normalidad después de perdonar?

¿Sentiré la misma confianza al perdonar?

¿Existe algún límite de perdón?

¿Y si perdono podré olvidar?

Desde el corazón de Luisita
Recuerdo ese día tan triste para mí. Emilio el hombre que para mí era intachable, diferente, ejemplar, había caído también como todos los demás. Por un momento me dije a mi misma "todos los hombres son iguales ¿para que confiar en ellos?" Pero no sabía que estaba por experimentar una faceta en mi vida que no conocía y era el perdón. Era fácil para mí perdonar una ofensa pequeña, una mala mirada, un gesto no amoroso, etc. ¡Pero esta falta era demasiado grande para perdonar!

El dolor que causa la infidelidad es tremendo, sientes que tu mundo se derriba ante tus ojos. Pero Dios en su misericordia quería que pasara por ello para que en alguna manera padeciera con Él en sus sufrimientos. Todos nosotros le hemos fallado al Señor, todos hemos corrido ante otros amantes, ídolos u otros dioses.

> Y allí estaba yo dolida por la traición. Pero en uno de esos momentos que Emilio comenta de silencio entre nosotros, me encontraba orando y pidiéndole a Dios su ayuda con el dolor que cargaba. ¿Cómo podría perdonar algo así? Y la divina respuesta llegó: a veces creo que Dios estaba literalmente hablando conmigo cuando me dijo: "Yo perdoné todos tus pecados y los eché al fondo de la mar para nunca más acordarme de ellos, y si tú no haces lo mismo con este pecado hecho en tu contra, te aseguro que todo eso bello que has tenido se perderá, escoge entonces qué quieres hacer".
>
> Llorando y con dolor en mi corazón le respondí: "¡Sí Señor, decido perdonar y enterrar esto en el fondo de la mar como tú lo hiciste con mis pecados!"
>
> De lo que el Señor me estaba librando en ese momento era de vivir el resto de mi vida en amargura y cárcel, porque la falta de perdón te amarga y te encarcela y no saldrás de allí hasta que pagues y saldes esa cuenta. Hoy puedo decir que gracias a Dios por su Santo Espíritu que me ayudó en ese momento, nunca me acuerdo de ese evento sino solamente cuando tengo que testificar, ¡realmente funcionó!
>
> El perdón es un regalo que le damos a la gente cuando nos ofenden y nos eleva a un nivel más alto de amor.

Veamos algunas verdades sobre el perdón y cómo ponerlo en práctica:

1. Necesito perdonar para ser perdonado: según Jesucristo todos debemos practicar el perdón para generar el perdón de Dios. Por lo cual el perdonar no es opcional sino un mandato para aquellos que desean vivir en paz con Dios.

"Si perdonas a los que pecan contra ti, tu Padre celestial te perdonará a ti; pero si te niegas a perdonar a los demás, tu Padre no perdonará tus pecados." (Mateo 6:14-15 NTV)

2. Perdonar es inmediato, pero recuperar la confianza toma tiempo: muchas personas temen perdonar porque reconocen que no están listos para confiar tan pronto. El perdón te genera libertad, pero la confianza tiene que ser construida muy intencionalmente tomando las medidas necesarias para reestablecerla.

3. Perdonar no es negar el dolor y pretender que todo está bien y dejar que el "tiempo lo cure": si hay algún evento que cuando lo recuerdas o hablas de ello, sientes como si lo estuvieras reviviendo nuevamente, probablemente aun no has podido sanar esa herida. Es como cuando nos golpeamos, cuando la herida está fresca o reciente nos duele al tocarla, pero una señal de sanidad es cuando aunque veamos la cicatriz, la podemos tocar o incluso presionar pero no hay dolor.

4. Perdonar no está basado en las acciones de los demás sino en mi actitud: no puedo esperar a que las personas que me ofendieron me pidan perdón para perdonarlos, a lo mejor algunas de estas personas viven lejos o incluso ya ni están vivas. No es lo que ellos hagan sino lo que yo elija hacer. Mientras más rápido me enfoque en perdonar menos posibilidades habrán de que surjan raíces de amargura que apagan y destruyen cualquier relación.

5. Para poder perdonar debo reconocer la herida: la honestidad conmigo mismo y con Dios abre la puerta a tomar acciones de sanidad y restauración.

6. Para poder perdonar tengo que tomar esa decisión: probablemente no lo sienta o no lo quiera pero tengo que decidir perdonar. Mientras más lo aplace más daño me puedo ocasionar. Alguien comparó la falta de perdón a una persona que se toma un veneno y espera a que el ofensor sea dañado por el veneno. Los beneficios de tomar esta decisión son personales, independientemente de lo que la otra persona haga o deje de hacer.

7. Al perdonar recibo la sanidad: el seguir estos pasos sencillos puede cambiar la vida de cualquier persona que ha estado siendo afectada por la falta de perdón.

Si no has tenido la oportunidad de practicar el perdón, te invito a que hagas una pausa y recuerda lo que dijo Jesús:

"El ladrón no viene sino para hurtar, matar y destruir; yo he venido para que tengan vida, y para que la tengan en abundancia." (Juan 10:10 RVC)

El enemigo se enfoca en hurtar, matar y destruir el gozo, la paz y los planes que Dios tiene para ti. Una de sus armas favoritas es la falta de perdón, porque sabe del tremendo daño que esto ocasiona en las personas y lo profundo que esta clase de amarguras se pueden arraigar en los corazones, durando a veces años y años de sufrimiento emocional. Pero nuestro Señor Jesucristo ha venido para darnos vida y una vida en abundancia. Hoy puede ser un día que marque una diferencia en tu vida, hoy puedes empezar a vivir esta vida en abundancia.

¡Hoy puedes ser libre de las ofensas o abusos del pasado!

¡Hoy puedes perdonar!

Te invito a que hagas algo de lo cual nunca te arrepentirás. Te invito a que perdones y le puedes pedir ayuda a Dios, a Él le gustan mucho esta clase de oraciones. Puedes buscar un lugar adecuado para estar a solas con Dios y usar una sencilla oración como esta:

"Señor tú conoces mi corazón y sabes cómo me he sentido en contra de _____(nombre del ofensor)
por lo que me
hizo_____(ofensa o abuso).
Pero hoy quiero que me ayudes a perdonar, que sanes mi corazón y poder ser libre.
Señor hoy perdono a
_____,(nombre del ofensor, lo puedes decir en voz alta)
recibo tu sanidad. Quiero vivir la vida en abundancia que tienes preparada para mí.
Lo declaro en el nombre de Jesucristo.
Amen."

- **Divertirse**

¿Qué tan a menudo te ríes con tu esposa(o)?

¿Cuáles son las cosas que los hace divertirse juntos?

¿Podrías afirmar que tu esposa(o) es tu mejor amiga (o)?

He notado que muchas parejas pierden el sentido del humor, no ríen lo suficiente o han dejado de hacer cosas juntos para divertirse. Se enfocan en las tareas típicas de los esposos.

Claro que tenemos que asumir nuestras responsabilidades familiares, en el trabajo o financieras, pero a lo que me refiero es que no podemos quedarnos encerrados haciendo solo estas cosas porque nuestra relación podría volverse apática, sin emoción o incluso hasta aburrida. Y este es un punto muy peligroso en cualquier relación porque podría aparecer otra persona u otra actividad que pudiera satisfacer esa necesidad de gozar y divertirse. ¿Recuerdan cuando éramos adolescentes? ¿O cuando nuestros hijos son adolescentes? Pareciera ser que en esa etapa las actividades con los padres se tornan tan tediosas y predecibles que los muchachos prefieren estar con personas de su edad, haciendo cosas divertidas. En el matrimonio sucede algo parecido, cuando la relación cae en el círculo vicioso del tedio o la predictibilidad la atención que debiera enfocarse en nuestra pareja se puede tornar a un lugar, cosa o persona equivocada.

Es posible que muchas personas escapen de su relación matrimonial refugiándose en otras actividades, como el trabajo, deportes o hasta incluso la iglesia. Otros prefieren invertir todo su tiempo en los hijos, familiares o amistades en vez de invertir tiempo con su pareja.

¿Qué podemos hacer entonces para divertirnos juntos?

"Disfruta la vida con la esposa que amas, todos los días de tu corta existencia que Dios te permite vivir bajo el sol. Eso es lo que te corresponde de tu vida y tu trabajo bajo el sol."
(Eclesiastés 9:9 PDT)

El pasaje anterior nos insta a disfrutar de la vida con nuestras esposas. Les comparto algunas ideas prácticas para hacer esto una realidad en nuestro matrimonio:

1. Desarrollar la amistad en el matrimonio: si te preguntara quien es tu mejor amigo o amiga, ¿cuál sería tu respuesta? La unión en el matrimonio se hace más sólida cuando los dos nos esforzamos en no solamente ser esposos sino ser los mejores amigos que podamos tener. Creo que todos hemos tenido o tenemos alguna amistad que ha perdurado a través de los años, que ha sobrepasado las dificultades y que ha logrado vencer las diferencias personales.

¿Cuáles han sido esas características para que las amistades florezcan y se fortalezcan? Probablemente las más importantes sean pasar tiempo juntos y disfrutar actividades juntos. Esto parece tan simple pero en el matrimonio estas dos cosas básicas se nos escapan de las manos y secan la relación. Piensa en actividades pequeñas y cotidianas como hacer la cama, hablar al final del día para ver cómo les ha ido, ir al supermercado juntos, limpiar la casa, leer un libro juntos, hacer deportes juntos, ir a la iglesia juntos o servir en algún ministerio juntos, trabajar en algún proyecto de la casa juntos. Estas actividades los irán acercando y construyendo la amistad entre los dos. Tienes que ser intencional para hacer de esto una disciplina que les traerá excelentes resultados.

A continuación puedes hacerte este pequeño test para determinar que tanto están construyendo la amistad matrimonial.

Escribe V (verdadero) o F (falso) a cada una de las siguientes afirmaciones:

1. Disfrutamos haciendo juntos cosas pequeñas como hacer la cama, o ver televisión V F
2. Tengo ganas de pasar mi tiempo libre con mi esposa(o) V F
3. Disfruto charlando con mi esposa(o) de cualquier tema V F
4. Cuando salimos juntos el tiempo se nos va volando V F
5. Nos reímos mucho juntos V F
6. Compartimos los mismos valores morales y espirituales V F
7. Hacemos deportes juntos V F
8. Cuando mi esposa(o) tiene un mal día, me lo cuenta V F
9. Tratamos de hacer más actividades juntos V F
10. Soy el mejor confidente de mi esposa(o) V F

Anota 1 punto por cada respuesta V (verdadera)

0 – 3 Es urgente que se acerquen más el uno al otro

4 – 6 Sean más intencionales en hacer actividades juntos

7 – 10 ¡Felicidades, están construyendo una tremenda amistad matrimonial!

2. Bajar la guardia: las grandes amistades se caracterizan porque se ha desarrollado tanta confianza que hay cierto permiso de que la otra persona pueda influir en nuestras decisiones, que podamos escuchar sus puntos de vista sin que nos cerremos o incluso que pueda decirnos nuestras verdades. Nuestros mejores amigos tienen acceso a esa parte profunda de nuestro ser. Para que dos personas puedan divertirse necesitan ponerse de acuerdo, necesitan encaminarse juntos hacia un lugar, una actividad o

proyecto. Por supuesto, que a veces alguno de los dos tiene que ceder, alguno de los dos tiene que ser más maduro y dilucidar que si se empecina solo en hacer su voluntad probablemente no se produzca algún acuerdo y por lo tanto el progreso o las decisiones se quedan estancadas. Muchas veces esto ocurre en el matrimonio; los intereses o egos personales prevalecen sobre el beneficio mutuo y esto produce constantes enfrentamientos y frustraciones en ambos lados de la relación. ¿Han discutido solo por el hecho de decidir a qué restaurante ir a almorzar? ¿Les cuesta ponerse de acuerdo sobre quién tiene que acompañar a los niños a sus prácticas de fútbol? ¿O simplemente no están en un mismo parecer sobre qué película ver en el cine? Aunque estas cosas parezcan simples y sin mucha importancia, pueden dar una pauta de cómo reaccionamos cuando nuestro cónyuge está tratando de influenciarnos para que la acompañemos en estas actividades o en otras de más relevancia.

El principio es el mismo, para las cosas grandes o pequeñas: ceder no es retroceder, es avanzar para amar más. Tomar decisiones juntos y respetar el punto de vista de mi pareja no es señal de debilidad sino de fortaleza. En otras palabras, compartir el poder es algo muy positivo en las relaciones matrimoniales. Aunque este concepto es un poco extraño para el machismo latinoamericano, la realidad es que los frutos que se obtienen al dejarse influenciar por el otro son notables. El bajar la guardia, aceptar las ideas o sugerencias de nuestras esposas (para nosotros los hombres esto puede ser un tremendo reto) refleja humildad y madurez.

Uno de los pasajes bíblicos más usados para el matrimonio se encuentra en el libro de Efesios:

> *Las casadas estén sujetas a sus propios maridos, como al Señor*
> (Efesios 5:22 RV60)

Algunos esposos quisieran encuadrarlo y colgarlo en las salas de sus hogares o mandárselo vía texto a sus esposas continuamente para que se sujeten u obedezcan lo que ellos quieren, pero no se han percatado de lo que dice el verso anterior:

> *Es más, sométanse unos a otros por reverencia a Cristo.*
> (Efesios 5:21 NTV)

El bajar la guardia o dejarse influenciar es una forma de someterse mutuamente en lo que se refiere al matrimonio. A medida que desarrollemos intencionalmente ésta práctica, disfrutaremos más nuestras actividades, no solamente las divertidas y aparentemente comunes y corrientes sino también las actividades serias e importantes como la toma de decisiones financieras, problemas familiares, futuro de nuestros hijos y por supuesto el sexo como lo veremos a continuación.

¿Qué tanto bajas la guardia en tu matrimonio? Responde a los siguientes enunciados para darte una idea de lo que está pasando en tu matrimonio en ésta área tan importante en tu relación.

(Atención hombres: no traten de evadir el test, pues hay varias estadísticas que determinan que es a nosotros a quien más nos cuesta ceder, dejarnos influenciar o compartir el poder)

Elegir V (verdadero) o F (falso)

La verdad debajo de las sábanas

1. Me interesan realmente las opiniones de mi pareja en nuestras conversaciones V F
2. Por lo general aprendo de mi esposa(o) cuando no estamos de acuerdo en algo V F
3. Por lo general quiero que mi esposa(o) sienta que también puede tomar decisiones en nuestro matrimonio V F
4. Intento comunicar respeto incluso en nuestras discusiones V F
5. Siento que tengo voz y voto cuando tomamos alguna decisión V F
6. Mi esposa(o) es una gran ayuda a la hora de resolver problemas V F
7. Escucho con respeto aun cuando no estoy de acuerdo con lo que me está diciendo V F
8. No tomo decisiones importantes en nuestro matrimonio sin consultar V F
9. Casi siempre puedo encontrar algo positivo en el punto de vista de mi esposa(o) V F
10. Mi esposa(o) es muy inteligente y la admiro por eso V F

Anota 1 punto por cada respuesta V (verdadera)

0 – 3 Aparentemente aun tienes mucho orgullo y esto perjudicará tu relación

4 – 6 Todavía tienes algunas dificultades para aceptar la influencia de tu esposa(o), sigue cediendo

7 – 10 Este es un aspecto sólido en tu matrimonio y la humildad los exaltará

CAPÍTULO 8
Uno en el cuerpo

Como seres humanos somos seres sexuales. Nuestros cuerpos están diseñados para tener sexo, y no solo para tenerlo, sino que para disfrutarlo. Por supuesto que todos hemos tenido diferentes experiencias en lo referente al sexo, incluso para algunos esta palabra tiene una connotación negativa o hasta cierto punto sucia o pecaminosa debido a situaciones del pasado. Para otros el sexo es algo frío y distante debido a abusos en la niñez que les produjeron reacciones que los acosan y persiguen aun en su vida de adultos. El filtro con que lo miran o la forma en que se nos ha enseñado el sexo se relaciona directamente en la forma en que actuamos, el nivel en que lo disfrutamos.

La verdad es que el sexo es bueno, el sexo es de Dios. El sexo es un regalo de Dios. El sexo fuera del matrimonio destruye pero dentro del matrimonio edifica. Hombres y mujeres tenemos partes muy sensibles dedicadas para esta tarea. Pero también cuando el sexo es usado fuera de su diseño original causa serios problemas. El diseño original de Dios

> **El sexo fuera del matrimonio destruye pero dentro del matrimonio edifica.**

La verdad debajo de las sábanas

para disfrutar del sexo se encuentra dentro de los parámetros del matrimonio, un diseño basado en la fidelidad, cuidado y por supuesto lleno de amor.

El sexo también es saludable. ¿Qué les parece estos estudios que hicieron varias universidades?

Los beneficios del sexo:

1. Ayuda a mantener tu sistema inmunitario: mayores niveles de defensa en contra de gérmenes, virus y otros intrusos. (Wilkes University)
2. Reduce tu presión sanguínea: especialmente la sistólica. (Pinzone MD)
3. Reduce los riegos de ataque al corazón: hombres que tienen sexo al menos dos veces por semana tienen un 50% menos probabilidades de morir de ataque cardiaco. (Amai Wellness)
4. Reduce el dolor: el orgasmo suelta hormonas que ayudan a enfrentar dolores de espalda, piernas, menstruales e incluso dolores de cabeza. (Rutgers State University of New Jersey)
5. Evita el cáncer de próstata: hombres que eyaculan por lo menos 21 veces al mes son menos propensos a ese tipo de cáncer. (American Medical Association)
6. Ayuda a dormir mejor: después del orgasmo se produce la hormona prolactina, que es responsable de la relajación y sueño. (Ambardar MD)
7. Reduce el estrés: las relaciones sexuales producen un químico en el cerebro que ayuda a la felicidad y el placer. (Ambardar MD)

Cuando le leí este artículo a Luisita la primera vez pensó que me lo había inventado. Cuando lo he compartido en retiros de matrimonios puedo escuchar las risas entre las parejas y los ojos de los hombres muy abiertos y mirando a sus esposas como diciéndoles: "¡Ya viste, nos hace personas más saludables!" Creo que existen muchos tabús y conceptos erróneos en este tema, y especialmente en la iglesia a veces es un tema que no se nos ha enseñado correctamente. Recuerdo que en los primeros años de matrimonio, Luisita asistía a una iglesia bastante conservadora (y digo Luisita porque en ese tiempo si iba a la iglesia era solo por evitar problemas, pero realmente no lo disfrutaba). Una noche al terminar el servicio regresó a la casa compartiéndome el mensaje que recién había escuchado y la urgencia de que lo pusiéramos en práctica. El pastor había mencionado que trabajar mucho, la glotonería y el sexo impedían que una persona creciera espiritualmente; por lo tanto a partir de ahora nuestras relaciones sexuales iban a disminuir drásticamente porque ella quería ser más espiritual. Lo del trabajo y la comida lo podría aceptar, pero lo del sexo me pareció totalmente fuera de contexto. Aunque en ese tiempo no leía la Biblia ni asistía a la iglesia frecuentemente, sí conocía algunos conceptos referentes a ese tema y sobretodo recordaba el famoso pasaje de 1 Corintios 7 que habla sobre los derechos y responsabilidades sexuales dentro del matrimonio. Y específicamente le leí los siguientes versos:

"Sin embargo, dado que hay tanta inmoralidad sexual, cada hombre debería tener su propia esposa, y cada mujer su propio marido.

El esposo debe satisfacer las necesidades sexuales de su esposa, y la esposa debe satisfacer las necesidades sexuales de su marido. La esposa le da la autoridad sobre su cuerpo a su marido, y el esposo le da la autoridad sobre su cuerpo a su esposa. No se priven el uno al otro de tener relaciones sexuales, a menos que los dos estén de acuerdo en abstenerse de la intimidad sexual por un

La verdad debajo de las sábanas

tiempo limitado para entregarse más de lleno a la oración." (1 Corintios 7:2-5 NTV)

Aun con un poquito de dudas no pudo rebatir los pasajes que le estaba mostrando en su propia Biblia. Luisita pudo meditar en estos versos y cambiar la perspectiva que estaba recibiendo en la iglesia por la verdad práctica de la Palabra de Dios.

Es increíble que estos consejos matrimoniales de hace dos mil años aun estén vigentes, produciendo relaciones duraderas, sólidas y estables en pleno siglo XXI. Analicemos algunas verdades de este pasaje:

a) La esposa es la ayuda idónea y mejor arma contra la inmoralidad sexual.

"Sin embargo, dado que hay tanta inmoralidad sexual, cada hombre debería tener su propia esposa, y cada mujer su propio marido." (1 Corintios 7:2 NTV)

Vivimos en una sociedad donde abunda la inmoralidad sexual. El cine, televisión, redes sociales y publicidad nos invitan a ver el sexo desde la perspectiva humana y no desde la perspectiva del creador del sexo. Es interesante que cuando las personas no están casadas, una de las mayores tentaciones es tener sexo antes del matrimonio y luego cuando ya están casadas la tentación cambia a tener sexo con alguien fuera del matrimonio o simplemente no tener sexo con el cónyuge. No olvido las palabras que Luisita mencionó en una de sus predicaciones en la iglesia:

> **"La mujer no es el sexo débil sino la ayuda más fuerte que el hombre pueda tener".**

"La mujer no es el sexo débil sino la ayuda más fuerte que el hombre pueda tener".

Nuestra relación sexual en el matrimonio es la mejor arma en contra de la infidelidad, en contra de la inmoralidad. Por esa misma razón el sexo dentro del matrimonio es atacado con tantas fuerzas. Creo que existe bastante frustración en muchos matrimonios en lo que respecta a su vida sexual, máxime en matrimonios cristianos donde no se han tocado estos temas con la perspectiva adecuada. ¡Nosotros los esposos necesitamos de ustedes esposas! ¡Necesitamos que sean nuestra ayuda más fuerte en contra de la inmoralidad!

b) Somos un equipo sexual

El esposo debe satisfacer las necesidades sexuales de su esposa, y la esposa debe satisfacer las necesidades sexuales de su marido. (1 Corintios 7:3 NTV)

En el pasaje bíblico anterior se nos pide a los dos, tanto a esposos como esposas, que satisfagamos las necesidades sexuales de nuestro cónyuge. Tenemos el derecho a ser satisfechos sexualmente hablando pero también tenemos la responsabilidad de satisfacer. En otras palabras es un trabajo de equipo. Somos un equipo ganador en nuestra relación sexual; o ganamos los dos o perdemos los dos. Todo equipo en cualquier deporte gana cuando se meten goles, canastas o *home runs*. En este equipo sexual del matrimonio también necesitamos anotar para ganar, necesitamos trabajar juntos, necesitamos reconocer cuales son las necesidades del equipo.

¿Cómo sabes si estas ganando como equipo sexual?

La verdad debajo de las sábanas

¿Qué representan los goles de tu relación sexual?

c) Tenemos autoridad sexual

La esposa le da la autoridad sobre su cuerpo a su marido, y el esposo le da la autoridad sobre su cuerpo a su esposa. (1 Corintios 7:4 NTV)

Esta es una de las verdades más relevantes y aplicables de la Biblia en lo que se refiere al sexo. Este concepto de que cada uno de los cónyuges le ofrece a su pareja su cuerpo y el da autoridad sobre él es algo que al practicarlo va a traer balance, igualdad y sobre todo satisfacción sexual en la relación. Imagínate que tu esposa te diga: "aquí estoy, tienes toda la autoridad sobre mi cuerpo", pareciera ser una frase sacada de una película más que de la Biblia. Pero es que funciona de ambos lados, no es una autoridad unilateral, no es un derecho individual o egoísta. Es una autoridad mutua. La misma autoridad que tengo sobre el cuerpo de mi esposa, ella lo tiene sobre el mío. Mi cuerpo no me pertenece, le pertenece a mi esposa. El cuerpo de mi esposa no le pertenece a ella, es mío. Esto trae implicaciones muy equitativas y justas. Tengo derecho y autoridad a querer tener sexo todos los días pero mi esposa tiene también el derecho y autoridad sobre mi cuerpo para tener sexo no basado solamente en mis necesidades o fantasías sino en sus necesidades, a su ritmo o conforme a las situaciones específicas de cada matrimonio.

d) Hagamos el acto sexual no el alto sexual

"No se priven el uno al otro de tener relaciones sexuales, a menos que los dos estén de acuerdo en abstenerse de la

intimidad sexual por un tiempo limitado para entregarse más de lleno a la oración. Después deberán volverse a juntar, a fin de que Satanás no pueda tentarlos por la falta de control propio." (1 Corintios 7:5 NTV)

¿Con qué frecuencia te gustaría tener relaciones íntimas? Para la mayoría de nosotros los hombres, la respuesta es simple: ¡todos los días! Para la mayoría de mujeres la respuesta es un poco más reservada y envuelve una cantidad diversa de factores. Creo que no hay un número mágico que determine lo saludable que pueda ser un matrimonio en su intimidad pero si pasan dos a tres semanas sin que se hagan uno en el cuerpo, hay algo que no está funcionando bien. Algunos podrán excusarse en lo atareados y ocupados que se mantienen, otros en los niños, otros en la edad o el cansancio físico o emocional, o en el peor de los casos en alguna enfermedad, pero la realidad es que si no somos intencionales en hacer del sexo una fortaleza en nuestro matrimonio las consecuencias negativas vendrán tarde o temprano.

Gary Thomas nos cuenta en su libro Matrimonio Sagrado que la Iglesia de la época medieval hizo edictos para regular la frecuencia de la intimidad entre sus feligreses: era prohibido tener sexo 40 días antes de navidad, 40 días antes y 8 días después del domingo de Resurrección, 8 días después de pentecostés, no se podía en ningún domingo, ni miércoles, ni viernes, tampoco durante el embarazo, 30 días después de haber dado a luz y por supuesto estrictamente prohibido durante el ciclo menstrual y 5 días antes de hacer la comunión. Creo que los únicos que estaban contentos con estas disposiciones arbitrarias eran los que no estaban disfrutando del matrimonio. Lo triste es que hoy en pleno siglo XXI,

La verdad debajo de las sábanas

hay muchas parejas que aún no han descubierto el poder unificador del sexo diseñado por Dios.

Es necesario que existan las conversaciones sexuales, donde como pareja podamos abordar estos temas de una manera honesta y transparente, que podamos llegar a tomar acuerdos sexuales en cuanto a la frecuencia, la intencionalidad, la forma, lo que nos gusta, lo que no nos gusta, lo que nos enciende, lo que nos apaga.

e) El sexo dentro del matrimonio nos santifica

"Porque el esposo no creyente es santificado en su esposa, y la esposa no creyente es santificada en su esposo." (1 Corintios 7:14ª RVC)

Hace poco charlábamos con una pareja al borde del divorcio. La esposa ya no quería seguir honrando el pacto del matrimonio porque en su teología personal creía que su esposo tenía demonios. Aunque ella contrajo matrimonio sabiendo que su futuro esposo no compartía los mismos valores y principios espirituales que ella, al pasar algunos años ella decide abandonarlo porque hay algo espiritual que no se puede conciliar.

Este verso es muy interesante porque ofrece una perspectiva muy diferente a lo que esta esposa pensaba. De alguna forma ante los ojos de Dios, el sexo santifica al no creyente. No me puedo imaginar lo difícil que sea convivir con alguien que no honra a Dios con su vida, pero si ésta es tu situación hay esperanza. Tu actitud sexual como creyente de la Palabra de Dios tiene el potencial de cambiar el destino eterno de tu cónyuge. Yo soy un ejemplo viviente de este pasaje. Durante todo el tiempo que estuve apartado de Dios, 10 años por lo menos, la actitud sexual de Luisita siempre fue la mejor, nuestra relación íntima no se vio afectada por mi estado espiritual, al contrario su obediencia a santificarme preservó nuestro matrimonio durante esta etapa de nuestras vidas.

Ahora me pregunto, ¿qué pasa cuando los dos son creyentes? Sencillo, se santifican el uno al otro. Santificarse no solamente es orar, ayunar, apartarse para Dios de las cosas mundanas o asistir devotamente a la iglesia. En el matrimonio podemos santificarnos fusionándonos en la relación íntima sexual que nuestro Creador nos regaló.

> **Santificarse no solamente es orar, ayunar, apartarse para Dios de las cosas mundanas o asistir devotamente a la iglesia. En el matrimonio podemos santificarnos fusionándonos en la relación íntima sexual que nuestro Creador nos regaló.**

f) El servicio como liderazgo sexual en nuestra relación

> *"Pero entre ustedes será diferente. El que quiera ser líder entre ustedes deberá ser sirviente y el que quiera ser el primero entre ustedes deberá convertirse en esclavo. Pues ni aun el Hijo del Hombre vino para que le sirvan, sino para servir a otros y para dar su vida en rescate por muchos."*
> (Mateo 20:26-28 NTV)

Servir antes que ser servido siempre funciona. Todo matrimonio que practica el servir a su pareja en la intimidad, seguro que están disfrutando de una relación apasionada, divertida e impredecible.

La verdad debajo de las sábanas

No sé cómo funcionan las cosas debajo de tus sábanas pero imagina:

¿Qué pasaría si los dos llegaran con una mentalidad de siervo o sierva a la intimidad?

¿Cómo cambiaría tu relación si los dos pensaran en formas de servirse sexualmente?

¿Cuáles serían los beneficios a corto y largo plazo al practicar constantemente el servicio en tu intimidad?

g) Somos un modelo sexual que representa al Reino de Dios

"Ustedes son la luz del mundo, como una ciudad en lo alto de una colina que no puede esconderse. De la misma manera, dejen que sus buenas acciones brillen a la vista de todos, para que todos alaben a su Padre celestial." (Mateo 5:14,16 NTV)

Hoy más que nunca nuestra sociedad necesita reconocer que existen parejas que se aman, se respetan y disfrutan su relación sexual siguiendo las direcciones del Creador del sexo y no los deseos desenfrenados del ser humano. ¿Has visto alguna vez a los animales teniendo sexo? Los perros por ejemplo no tienen reglas, ni límites, simplemente se dejan llevar por sus impulsos animales. Hay algunos seres humanos que imitan el sexo animal, sin restricciones, sin responsabilidades. Como seguidores de Cristo, los que nos llamamos cristianos deberíamos ser esa luz que menciona el pasaje anterior. Ser luz para los demás también incluye ser luz en el área sexual. Nuestros matrimonios cristianos tienen el potencial de reflejar esa luz celestial, de inspirar esperanza y buenas noticias para aquellos que están buscando respuestas a sus problemas o frustraciones. Ser modelos sexuales de fidelidad, comprensión, servicio, santificación, frecuencia o autoridad sexual son valores que dejan un legado para nuestros hijos, familiares y para el mundo. Creo que cuando una pareja está teniendo una vida sexual saludable, se refleja en su actitud, en su estado anímico (por lo menos eso me pasa a mí, después de disfrutar con Luisita la intimidad me siento como un campeón). Algunos hasta dicen que se refleja en el rostro.

¿Es tu relación sexual un ejemplo a seguir?

¿Estás tan satisfecho sexualmente hablando que se refleja en otras áreas de tu vida?

Desde el corazón de Luisita
El sexo para la mayoría de las mujeres no es tan emocionante como lo es para los hombres. Fuimos creados diferentes pero para complementarnos el uno al otro. ¡La relación sexual es más espiritual de lo que te imaginas!

Por esa razón hay tanto ataque en contra de esta unión, el enemigo sabe muy bien que somos más fuertes cuando nos unimos, ¡y el sexo es una unión muy poderosa!

Aparte de todos los beneficios de salud ya mencionados anteriormente, también los beneficios espirituales son muchos, unidad, gozo, amor, servicio, etc.

¡Fuimos creados para amar, para disfrutar, y para mostrar al mundo que Dios es grande y que el matrimonio si funciona!

Cuestionario Unión en el Cuerpo

Elegir V (verdadero) o F (falso)

1. Por lo general podría afirmar que el sexo es una parte vital en nuestro matrimonio V F
2. Soy intencional en que nuestra relación sexual se mantenga viva y apasionada V F
3. Considero que honro a Dios con nuestra relación sexual V F
4. Estoy consciente que el sexo dentro del matrimonio no solamente es para mí deleite sino también tiene un poder espiritual santificador V F
5. Somos un equipo ganador en nuestra relación sexual V F
6. A menudo tenemos conversaciones sexuales con mi esposa(o) V F
7. Tengo una actitud de siervo(a) en nuestra relación sexual V F
8. Muestro paciencia hacia mi esposa(o) cuando comprendo que somos diferentes en nuestro apetito sexual V F
9. Somos un modelo sexual para el Reino de Dios V F
10. Mi relación sexual en el matrimonio es divertida, apasionada e impredecible V F

Anota 1 punto por cada respuesta V (verdadera)

0 – 3 Necesitas empezar a tomar el sexo en tu relación matrimonial con mucha más responsabilidad

4– 6 Tienes aun suficiente espacio para crecer y convertirte en la mejor versión sexual de ti mismo para tu esposa(o)

7 – 10 ¡El sexo es una bendición en tu matrimonio! ¡Se hacen más fuertes y unidos por ser obedientes a Su Palabra!

Bueno, ¡a ponerlo en práctica!

CAPÍTULO 9
Uno en el espíritu

Si la unión en nuestras emociones es tan importante en la relación de nuestros corazones, si la unión sexual es tan indispensable para mantener el matrimonio unido y saludable, la unión espiritual viene a ser el complemento para solidificar y darle a nuestra relación un propósito y significado eterno. Durante muchos años esta unidad ni siquiera estaba en mi perspectiva del matrimonio. Sabía que tenía que ir a la iglesia, sabía que Dios tendría que jugar un papel importante en mi familia, pero no había comprendido y descubierto lo maravilloso de estar compenetrado espiritualmente con mi esposa.

Creo que el siguiente pasaje nos muestra una clara representación de lo que es la unidad espiritual:

"Una sola persona puede ser vencida, pero dos ya pueden defenderse; y si tres unen sus fuerzas, ya no es fácil derrotarlas." (Eclesiastés 4:12 TLA)

Hace algunos años me enseñaron esta figura, tan simple pero tan cierta. Un triángulo donde los cónyuges se sitúan en las esquinas de la base del triángulo y Dios en la esquina superior. Mientras la pareja se mantenga unida en su relación solamente por sus propios esfuerzos y en una forma natural sin invitar a Dios a ser parte primordial en su relación, según esta analogía se mantendrán en la línea base del triángulo viviendo una vida ordinaria, un matrimonio común y

La verdad debajo de las sábanas

corriente. Pero cuando cada quien se acerca más a la esquina de Dios más se acercan entre ellos. Al permanecer en ese punto con Dios la relación se torna más fuerte, más madura y sobretodo se vuelve una relación sobrenatural y extraordinaria porque Dios es el quien los une, los mantiene y les comparte de su naturaleza, les ministra de su amor.

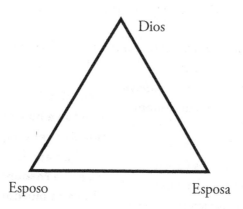

Una de las frustraciones más grandes que Luisita experimentaba cuando estaba apartado de Dios, era que ella sola tenía que enfrentar las presiones espirituales del hogar, la instrucción espiritual de nuestros hijos y por supuesto se sentía en cierta forma desgastada porque no tenía el apoyo de su líder, de su cabeza, de su esposo en la oración, en la adoración y mucho menos en el servir juntos al Señor. Aunque ella nunca dejó de servir en su iglesia y mantener una buena relación con Dios y conmigo, le hacía falta algo, había una pieza perdida para completar el propósito de Dios sobre nuestras vidas.

Cuando en un matrimonio, alguno de los dos está honrando a Dios con su vida, esa persona es la que está sosteniendo el ambiente espiritual en el hogar. Es la que está trayendo esperanza y forjando el futuro de la familia a través de la oración. Es la que está invitando a que la presencia de Dios se manifieste en cada una de las áreas de la familia. Y eso es muy bueno. Pero cuando los dos se involucran, cuando los dos descubren el poder de pelear juntos, de interceder juntos, de servir juntos, de adorar juntos, de leer la Biblia juntos y edificarse juntos, de ser ejemplo espiritual para sus hijos; el poder que desencadenan es impresionante. Todo matrimonio que se une espiritualmente con la fuerza de Dios, como dice el pasaje anterior, ya no es fácil derrotarlo.

Dios hizo promesas al pueblo de Israel, muchas de las batallas que nos narra la Biblia se ganaron de forma sobrenatural porque las matemáticas de Dios son muy distintas a las nuestras, por ejemplo:

"¿Cómo podría una persona perseguir a mil de ellos y dos personas hacer huir a diez mil, a menos que la Roca de ellos los hubiera vendido, a menos que el Señor se los hubiera entregado?" (Deuteronomio 32:30 NTV)

Nuestra Roca que es Cristo ya ha vencido a nuestros enemigos, Él ya nos ha dado la victoria. Nuestra responsabilidad ahora es unirnos espiritualmente, el poder de esta unidad en el matrimonio nos convierte en más que vencedores.

Y para hacerlo tenemos que ser intencionales para que suceda.

"Hagan todo lo posible por mantenerse unidos en el Espíritu y enlazados mediante la paz." (Efesios 4:3 NTV)

Orar juntos nos une espiritualmente

Hay un inmenso poder en la oración y máxime cuando se practica en el matrimonio. El mismo Señor Jesucristo declara la siguiente promesa:

La verdad debajo de las sábanas

"También les digo lo siguiente: si dos de ustedes se ponen de acuerdo aquí en la tierra con respecto a cualquier cosa que pidan, mi Padre que está en el cielo la hará." (Mateo 18:19 NTV)

Cuando un matrimonio descubre los beneficios de orar juntos, se hacen más fuertes, su relación se vuelve más madura y poco a poco empiezan a caminar en los propósitos y planes que Dios tiene para ellos.

Hace algunos años estaba aconsejando a una pareja para que oraran juntos ya que su relación estaba muy deteriorada. Ambos reconocieron que era algo que no habían practicado juntos, ya que cada uno solo oraba por su propia cuenta. Salieron de la reunión con toda la buena intención de hacerlo. Como a las dos o tres semanas le pregunté al esposo como les estaba yendo con esta nueva forma de orar juntos. Con una cara un poco pesimista me dijo: "Tuvimos que parar de orar juntos y regresar a nuestros devocionales privados." Inmediatamente le pregunté ¿por qué?, ¿qué pasó? Su respuesta me dejó un poco perplejo y al mismo tiempo me dio una lección para futuras consejerías. Me compartió que empezaron a orar juntos ese mismo día después de la reunión, pero desde esa ocasión las cosas empezaron a ponerse más tensas ya que la esposa lo empezó a "atacar en la oración", diciéndole a Dios lo malo que era, lo frustrada que estaba y cómo él era el culpable de todo lo que estaba pasando. En otras palabras, no lo estaba edificando sino todo lo contrario, lo estaba denigrando en la oración. Creo que para cualquiera de nosotros sería muy difícil estar orando con nuestro cónyuge y escuchar esta clase de acusaciones.

El orar juntos tiene que ser una experiencia unificadora y que enriquezca la relación. Si existen diferencias, frustraciones, enojos u ofensas tienen que ser tratadas antes de orar. Jesús nos dice en el pasaje anterior *"si dos de ustedes se ponen de acuerdo"*. El ponerse de acuerdo requiere una comunicación honesta e intencional donde ambos puedan exteriorizar sus sentimientos y perdonarse.

Una conversación de corazón a corazón será la mejor preparación para luego estar ante la presencia de Dios.

La oración en el matrimonio es bastante escasa, incluso en las parejas que se consideran cristianas o que asisten a alguna iglesia. Leí un estudio que se hizo con más de 800 parejas cristianas sobre la oración y los resultados son bastantes reveladores.

- 69% nunca oran juntos
- 25% por lo menos una vez a la semana
- 6% 3 veces a la semana

¿Cuántas veces oras con tu esposa(o) a la semana? (no incluyas cuando oran por los alimentos)

_____

_____

¿Cuál crees que es la razón por la cual no lo hacen más frecuentemente?

_____

Sin importar cuáles hayan sido tus respuestas, todos podemos elevar el nivel de oración en nuestros matrimonios. Todos podemos empezar a depender y confiar más en El para el desarrollo de nuestra relación. De hecho mientras más tiempo pasemos con El mejor será nuestro matrimonio, porque el orar juntos nos mantiene humildes ante Dios y ante nuestra esposa(o), orar juntos rompe con el ciclo de herirnos mutuamente, orar juntos nos une a la visión de Dios, orar juntos nos ayuda a construir el futuro que Dios tiene planeado para nosotros.

Les comparto algunas cosas que hacemos con Luisita cuando oramos juntos:

La verdad debajo de las sábanas

- Oramos en una forma simple y normal: generalmente no son oraciones maratónicas de horas y horas sino momentos de calidad con Dios y entre nosotros. Las palabras no tienen que ser como rebuscadas en diccionarios o ultra solemnes y religiosas, al contrario creo que Dios nos conoce tan profunda e íntimamente que sabe cuál es nuestra forma de hablar, por lo tanto no hay que tratar de aparentar.

> De hecho mientras más tiempo pasemos con Él mejor será nuestro matrimonio, porque el orar juntos nos mantiene humildes ante Dios y ante nuestra esposa(o), orar juntos rompe con el ciclo de herirnos mutuamente, orar juntos nos une a la visión de Dios, orar juntos nos ayuda a construir el futuro que Dios tiene planeado para nosotros.

- Enfocarse más en lo interno que lo externo: claro que es bueno pedir por nuestras necesidades, por provisión, trabajo, salud o por las cosas que normalmente se piden en oración pero considero que si nos enfocamos más en pedir por virtudes internas como amor, alegría, paz, paciencia, bondad, fidelidad, humildad, o dominio propio los beneficios serán mucho mayores y duraderos que cualquier cosa material. A veces cuando oramos con Luisita empezamos a pedir que nos podamos mantener fieles hasta que la muerte nos separe, reprendemos todo adulterio o cualquier plan del enemigo para destruir nuestro amor. Y no significa que algo esté pasando sino que nos estamos adelantando al problema, estamos siendo proactivos en nuestra oración. El fortalecimiento y crecimiento de nuestro ser interior es la voluntad de Dios por lo tanto este tipo de oraciones tienen todo el aval y aprobación de Dios para ser contestadas.

- Edificarse mutuamente: el orar juntos es una oportunidad inigualable para declarar ente Dios lo que deseas para tu pareja. En ese lugar espiritual puedes forjar y edificar una esposa o esposo completamente diferente al que tienes ahora; es decir orando declaras la mejor versión de tu amada(o), la versión que más se va a parecer a Cristo. Me encanta cuando Luisita ora pidiendo que sea un mejor pastor, que Dios hable a través de mí. Siento que me está edificando. ¿Cómo desearías que fuera tu esposa(o)? ¿Qué características son las que sueñas para su vida? ¿Qué logros y victorias quisieras que alcanzara? Es en la oración y ante Dios que lo empiezas a confesar y declarar sobre la vida de tu esposa(o). Los resultados son increíbles. Cuando escuchas a tu amor orando de esta manera sobre ti, te sientes tan aceptado, tan amado que puedes permanecer allí deleitándote ante la Presencia de Dios.

- Declarar el futuro deseado: la oración es como una máquina del tiempo donde puedes ver el mejor mañana y empezar a declararlo hoy.

¿Cómo quiero que sea mi matrimonio el próximo año?

¿Dentro de 5, 10, 20 o 30 años?

¿Qué quisiera que pasara en la vida de mis hijos?

¿Sus carreras, ministerios, sus matrimonios actuales o futuros?

¿El propósito de Dios para mi descendencia y las generaciones que vendrán después de mí?

Muchas personas se intimidan pensando con el futuro porque en realidad hay mucha incertidumbre y a menudo las noticias de hoy no son lo ideal para un mañana mejor, causando temor, estrés o en algunos casos hasta depresión de lo que el futuro pueda tener. Pero esto es porque están viendo el futuro desde la perspectiva terrenal y humana. Cuando uno pone su vida en las manos del dueño del futuro, cuando puedes descansar sabiendo que Él quiere lo mejor para uno, entonces tu visión del futuro ya no depende de ti, sino de Él. Y cuando lo empiezas a declarar, a orar, a creerlo, se produce una certeza de que va a pasar y por lo tanto empiezas a caminar hacia ese futuro, haciendo las decisiones hoy que pavimentarán la carretera a ese lugar que no conoces pero que Él sí conoce.

En ese mismo estudio que mencionaba anteriormente se pudo determinar los siguientes resultados entre las parejas que oraban a menudo (tres veces por semana) y las que oraban constantemente:

Parejas que oran a menudo	Parejas que oran constantemente
Matrimonio feliz 60%	Matrimonio feliz 78%
Satisfacción sexual 73%	Satisfacción sexual 92%
Se volverían a casar con la misma persona 81%	Se volverían a casar con la misma persona 93%
Temor de que puedan divorciarse 0%	Temor de que puedan divorciarse 0%

Los beneficios de orar juntos son incontables. Al principio puede parecer raro o difícil pero pueden empezar poco a poco y los beneficios se harán evidentes.

¡Vale la pena intentarlo!
¡Orar juntos funciona!
¡Orar juntos cambiará el ambiente en tu hogar!

¡Orar juntos solidificará tu relación!
¡Orar juntos traerá la Presencia y el Reino de Dios a tu vida!
¡Orar juntos los guardará de tentaciones!
¡Orar juntos forjará en ustedes el futuro que Dios ya tiene planeado para sus vidas!
¡Orar juntos los hará madurar y crecer para ser más como Cristo!
¡Orar juntos les dará la oportunidad de enfrentarse al nuevo día con una perspectiva celestial!

Leer la Palabra juntos nos sensibiliza

Muchos hombres o mujeres pueden mostrar dureza o necedad en lo que se refiere a las cosas que tienen que cambiar. A veces todos los demás ya se dieron cuenta de las cosas que están dañando un matrimonio y pareciera ser que la pareja son los últimos en percatarse del problema. En otras ocasiones diferentes personas han tratado de traer consejo y la verdad a la pareja pero actúan como si estuvieran sordos. Pero cuando la pareja empieza a traer la Palabra de Dios a su realidad empiezan a ver las cosas desde otra perspectiva: la perspectiva de Dios.

Leer juntos la Palabra de Dios es una práctica que destruirá las mentiras y conceptos equivocados que puedan tener y los reemplazará con la verdad.

Jesús dijo claramente:

"Hazlos santos con tu verdad; enséñales tu palabra, la cual es verdad."
(Juan 17:17 NTV)

Leer la Biblia juntos y conversar sobre esas lecturas nos ayuda a ver nuestros puntos ciego", aquellas cosas que no podemos o no queremos ver pero que Dios sí quiere que veamos y sobre todo que actuemos y crezcamos en nuestras debilidades y fortalezas. Alguien podrá preguntar, ¿pero por dónde empiezo? ¿Qué partes de la biblia me pueden enseñar sobre el matrimonio? En la actualidad existen tantas herramientas y la gran mayoría de ellas son gratis. La aplicación de la Biblia *YouVersion* tiene una gran gama de planes de lectura, incluyendo planes para matrimonios, los cuales los ayudarán a traer la verdad a su relación.

Les comparto algunos versos bíblicos muy prácticos, tan prácticos que no necesitan mayor explicación. Solamente léelos y medita en ellos por un momento.

Piensa como sería tu matrimonio si te esforzaras cada día por hacer lo que nos aconseja Dios en Su Palabra.

"Si quieres disfrutar del amor, disfrútalo con tu esposa.
¡Guarda tu amor sólo para ella! ¡No se lo des a ninguna otra!
No compartas con nadie el gozo de tu matrimonio.
¡Bendita sea tu esposa, la novia de tu juventud!
Es como una linda venadita; deja que su amor y sus caricias te hagan siempre feliz."
(Proverbios 5:15-19 TLA)

"Sean siempre humildes, amables, tengan paciencia, sopórtense con amor unos a otros."
(Efesios 4:2 PDT)

"¡Graba mi nombre en tu corazón! ¡Graba mi imagen en tu brazo!
¡Tan fuerte es el amor como la muerte!
¡Tan cierta es la pasión como la tumba!
¡El fuego del amor es una llama que Dios mismo ha encendido!
¡No hay mares que puedan apagarlo, ni ríos que puedan extinguirlo!"
(Cantar de los Cantares 8:6-7 TLA)

Emilio Schumann

"Manténganse atentos y firmes en la fe; sean fuertes y valientes. Háganlo todo con amor." (1 Corintios 16:13-14 RVC)

"De la misma manera, ustedes esposas, tienen que aceptar la autoridad de sus esposos. Entonces, aun cuando alguno de ellos se niegue a obedecer la Buena Noticia, la vida recta de ustedes les hablará sin palabras. Ellos serán ganados al observar la vida pura y la conducta respetuosa de ustedes. No se interesen tanto por la belleza externa: los peinados extravagantes, las joyas costosas o la ropa elegante. En cambio, vístanse con la belleza interior, la que no se desvanece, la belleza de un espíritu tierno y sereno, que es tan precioso a los ojos de Dios." (1 Pedro 3:1-4 NTV)

"De la misma manera, ustedes maridos, tienen que honrar a sus esposas. Cada uno viva con su esposa y trátela con entendimiento. Ella podrá ser más débil, pero participa por igual del regalo de la nueva vida que Dios les ha dado. Trátenla como es debido, para que nada estorbe las oraciones de ustedes." (1 Pedro 3:7 NTV)

"Por el contrario, sean amables unos con otros, sean de buen corazón, y perdónense unos a otros, tal como Dios los ha perdonado a ustedes por medio de Cristo." (Efesios 4:32 NTV)

"Queridos amigos, no traten de vengarse de alguien, sino esperen a que Dios lo castigue, porque así está escrito: «Yo soy el que castiga, les daré el pago que merecen» dice el Señor." (Romanos 12:19 PDT)

> **¡La verdad de la Palabra de Dios es lo mejor que puedes tener debajo de las sábanas!**

Estos son solo una pequeña muestra de cientos y cientos de versos que pueden hablar directamente a nuestro corazón desde el corazón de Dios, para disfrutar de la vida en abundancia que Él nos ha prometido.

La Palabra de Dios es la verdad. Traer esta verdad al matrimonio expone cualquier mentira que podamos haber creído. Implementar esta verdad en el matrimonio lo catapulta a una relación de libertad y respeto, una relación brillante en medio de una sociedad en tinieblas, una relación donde el verdadero amor que proviene de Dios fluye a través de la pareja.

¡La verdad de la Palabra de Dios es lo mejor que puedes tener debajo de las sábanas!

> *Desde el corazón de Luisita*
> *Puedo decirte que solo la Verdad de la Palabra de Dios es la que ha trasformado mi matrimonio. Puedo dormir debajo de esas sábanas que me cubren cada noche confiada en la fidelidad y el amor de Dios para Emilio y para mí.*
>
> *Ha sido la Verdad de la Palabra que ha traído a la luz todas las mentiras con las que crecimos y que fuimos acumulando hasta que la Verdad llegó a nuestras vidas. Cuando Jesús dijo: Yo soy la verdad y la vida, yo soy el camino, yo soy la luz, yo soy la Resurrección, yo soy tu sanador y podría mencionar cientos de versos donde la Verdad se ha manifestado para hacernos libres, ¡eso una gran verdad! ¡Mi matrimonio tiene como base fundamental la Verdad de la Palabra! Si hasta aquí no has puesto la Verdad de la Palabra de Dios como el fundamento principal de tu matrimonio, te reto hoy a empezar. Jesús dijo: "¡y conocerán la verdad y la verdad los hará libres!" Y eso es exactamente lo que nos ha sucedido, y tú lo puedes experimentar también al hacer que la Verdad gobierne cada área de tu vida y matrimonio.*
>
> *JESUS ES EL CAMINO, LA VERDAD Y LA VIDA.*

CAPÍTULO 10
Mañana será otro día

¿Podrías apuntar la fecha en que llegaste hasta esta parte del libro?

Fecha de hoy: _____

La fecha que acabas de escribir puede ser solamente otro día más en tu calendario, otro día más en el calendario tan lleno de actividades que todos tenemos. Pero también esta fecha podría ser el fin de un ciclo, podría ser el último día para vivir un matrimonio común y corriente.

Y me gustaría hablarte de mañana. Mañana saldrá nuestra estrella, el sol, nuevamente a iluminar la parte del planeta donde vivimos, mañana tendrás que hacer las actividades que definen tu trabajo, tendrás que afrontar tus responsabilidades familiares y económicas que todos tenemos. Mañana también puede ser un día muy especial donde intencional y responsablemente te decidas a superar el nivel de tu matrimonio. Al principio de este libro te hice el reto de calificar tu matrimonio, a continuación solo le doy *copiar y pegar* a esa parte:

¿Cómo calificarías tu matrimonio actualmente de 1 a 10?
Siendo 1 lo peor y 10 lo mejor.

1_____5_____10

¿Qué tal si le pides a tu esposa (o) que haga lo mismo?
¿Qué tal si ahora comparan los resultados?
¿Ha habido algún cambio en esa calificación desde que empezaste a leer este libro?

Independientemente de tus resultados te tengo buenas noticias: ¡mañana será otro día! Todos podemos mejorar esa calificación todos los días de nuestra vida. Al igual que nuestra relación con Dios, nuestra relación matrimonial siempre tiene el potencial de mejorar o empeorar. Nuestra oración con Luisita es que las cosas que hemos compartido en este libro se conviertan en pequeñas semillas que empiecen a germinar en tu relación. Jimmy Evans uno de los mejores predicadores sobre el matrimonio dice: "Todo matrimonio tiene el 100% de posibilidades de tener éxito".

Dios quiere que disfrutemos del matrimonio a totalidad y está más que dispuesto a compartir su naturaleza de amor con nosotros.

Nuestros hijos se merecen tener a los mejores padres y mejores ejemplos para su desarrollo integral.

Nuestros amigos y familiares están deseosos de ver en nuestra relación la solidez e inspiración que ellos necesitan.

Nuestra iglesia se fortalece al tener matrimonios fuertes.

Nuestra sociedad está esperando ver en nuestra relación buenas noticias en medio de tantas malas noticias.

¡Jesús quiere ser la verdad debajo de tus sábanas!

Jesús le dijo: «Yo soy el camino, y la verdad, y la vida. (Juan 14:6a RVC)

Jesús es el camino para llegar a tener un matrimonio extraordinario y sobrenatural. Él es el camino angosto que muchos no quieren seguir pero los que lo hacen llegan a destinos que jamás se hubieran imaginado. Él es el camino hacia el verdadero éxito matrimonial, un éxito que no se basa en posesiones, posiciones y en lo temporal sino en alcanzar metas espirituales y eternas. Él es el camino para llenar tu relación

> **¡Jesús quiere ser la verdad debajo de tus sábanas!**

de humildad y amor sobrenatural, un amor totalmente fuera de este mundo.

Jesús es la verdad que necesitamos en la intimidad de nuestra relación. Él es la verdad que vencerá toda mentira y apariencia. Él es la verdad que nos hará libres. Él es la verdad que nos mantendrá unidos ante cualquier circunstancia. Él es la verdad que hablará verdad a través de nosotros. Él es la verdad que nos transformará en hombres y mujeres de verdad.

Jesús es la vida que da vida a nuestro matrimonio. Con la clase de vida que Él ha prometido ni la misma muerte nos puede vencer. Su vida cambia cualquier clase de vida, cualquier tipo de persona. No existe ninguna relación matrimonial que no pueda ser resucitada con el que resucitó de entre los muertos. Con su vida cualquier relación matrimonial tiene el potencial de experimentar abundancia en todas las áreas de la vida.

¡Mañana será otro día para que Jesús sea tu Verdad debajo de tus sábanas!

--

Para recursos adicionales, contactarse con Emilio y Luisita Schumann, información sobre conferencias o consejerías matrimoniales, materiales en video para grupos pequeños, comentarios o sugerencias ir a:

Laverdaddebajodelassabanas.com